JN190300

THE DESCENT OF MAN

男らしさの終焉

GRAYSON PERRY
グレイソン・ペリー 著
小磯洋光 訳

FILM ART
フィルムアート社

THE DESCENT OF MAN by Grayson Perry
Copyright © 2016 by Grayson Perry

Japanese translation rights arranged with Grayson Perry
c/o Curtis Brown Group Limited, London
through Tuttle-Mori Agency, Inc., Tokyo

アラン・ミーズルスと、
すべての男性のなかにいる
アランの仲間に捧げる。

真実はあなたを
自由にする。
でも最初はムカつく。

グロリア・スタイネム

イラスト：グレイソン・ペリー

目次

＊本書は、Grayson Perry, *The Descent of Man*（Allen Lane, 2016／Penguin Books, 2017）の全訳である。

＊〔　〕は訳者による補足説明を表す。

＊書籍名、新聞・雑誌名、映画タイトル、テレビ番組タイトルは『　』、論文タイトル、記事タイトルは「　」で示した。

序

壊れてないなら直すなよ

私はマウンテンバイクで森の中を進み、どこまでも続く急な勾配を登っていく。途中で十才くらいの男の子を見かける。うまく走ろうと必死だ。自転車で山道を走るのに慣れてない人にとってその細い道はきつい。買ったばかりの自転車に乗る子供にはなおさらだ。その子はギアをうまく扱えず、よろめいて、ギーギーっと音を立てて止まってしまう。涙をボロボロ流している。「ダッド、ダッド！」と泣きながら叫ぶ。泣いて助けを求めているが、猛烈に怒ってもいる。腹を立て、惨めになっていて、私に気がつかない。私が自転車を漕いで丘の上に行くと、少し先に父親がいる。彼は自分のマウンテンバイクの隣で腕を組み、二百メートル下にいる息子をじっと黙って見ている。父親も腹を立てているようだ。私はそんな父親の顔に見覚えがあった。サッカーのタッチライン沿いや校門の外で、何度も見たことがあった。「強くなれ、泣き言を言うな、男だろ！」と言っている顔だ。男の怒りと苦しみを言い渡す顔。私はその男の子のために腹を立てる。そして堪えきれず父親にこう言ってしまう。「大人になったあんたの子に、素晴らしいセラピストが見つかるといいね」。父親は何も言わない。

男らしさに疑問をもつ必要があること、ジェンダーの不平等はすべての人にとって大きな課題であること、その不平等がなくなれば世界が良くなること――この本を手に取る人がこうしたことに気づいていてくれたら嬉しい。本書によって、多くの読者が男性性への意識を、つまり変化のきっかけになる意識をもつようになることを願っている。なぜなら、男性性はさまざまなかたちで実に破壊的になるからだ。この本が、あなたが初めて買ったジェンダー関連の本だとしたら、とても嬉しい。山道でマウンテンバイクに乗る男の子が冷たい父親に向かって泣き叫ぶことがないように、そして世界全体を良い場所にするために、私たちは男性性のことを調べ、考えなくてはいけないのである。

男性性について調べ、考えることは、豊かで平和で教育が行き届いた社会の余暇という、贅沢な案件に思えるかもしれない。しかし私としては、むしろ正反対ですよと声を大にして言いたい。社会が貧しく発展途上で教育が不十分であるほど、男性性を現代にふさわしい姿に変えなくてはいけない。というのも、そのような社会の男性性は、社会を昔からある状態にしておこうとするからだ。世界中で男性が犯罪を起こし、戦争を始め、女性を押しやり、経済を壊滅的に破壊している。その原因は時代遅れの男性性なのである。

頑なに張り付いた「男らしさ」というステッカーを知の爪で剥がそう。ステッカーの下にいる男性は無防備で傷つきやすい。思いやりの心さえある。男性性は性役割の変化といった汚染物質による脅威のせいで常に「危機にある」——というのはニュースのクリシェだ。私は、男性性は多くの点で社会に有害《トクシック》だと考えているので、男性性が「危機にある」なんてセリフは、公民権運動の時代のアメリカではレイシズムが「危機にあった」と言っているようなものだ。男性性は変わらなくてはいけない。変わりたくないという人がいるとすれば、申し分ない仕事と申し分ない家庭のある、ミドルクラスの白人男性である。現状の男性性は彼らに都合がいいのだ。では、貧困や機能不全家族から抜け出すには犯罪者になるしかないうえにそれを男らしいと思っている十代にとっては？　パートナーも友人もおらず、しまいには自殺を選んでしまう孤独な男性にとっては？　男らしさが生む問題を人に押しつける鼻息の荒い男の場合では？　我々すべての男性は、澄んだ目で自分をよく見つめ、どんな男性ならすべての人のために世界を今より良い場所にできるか考えないといけない。

男性性や男性について考えるとき、議論はすぐに恐ろしいほどグローバルかつシリアスになる。ヒップスターのファッションや「誰が皿洗いをするか」といった話は、レイプや戦争やテロや宗教弾圧や侵略的資本主義がテーマの議論にぐるぐる突入していく。夜のニュースをテレビで見て思うのは、世界のあらゆる問題は結局のところ、Y染色体をもった人々の振る舞いが原因なのだということだ。男性とは権力や金や銃や犯罪歴のある人間のことらしい。男らしさという悪党がもたらす問題は、今日の世界が直面しているもののなかでも最悪だ。ある種の男らしさは――露骨にヒドイ場合、または密かに傲慢である場合は特に――自由で平等で寛容な社会にとって害になるのである。

女性がジェンダーの議論をリードしてきたのは当然だ。なにしろジェンダーの縛りに苦しんできたのは女性に他ならないのだ。ジェンダーの議論をするとき、多くの男性の感覚は「壊れてないなら直すなよ」に要約できる。男性にとって現在の状況は問題ないらしい。それでは、「本当にうまくいってる？」と聞いてみたい。男性性の犠牲者の半分が男性だとしても？　男性性は、男性が「自分らしく」――それがどういう姿であれ――生きることを妨げる拘束服かもしれない。男性は支配や君臨をすることに駆り立てられているせいで、人間にとってとても大切なことを――とりわけメンタルヘルスに関する問題を――重要視してこなかったかもしれない。男らしさに駆られるせいで、うまく幸せになれないのかもしれない。フェミニストでレイシズムの研究者であるペギー・マッキントッシュが特権と呼ぶ「透明で重さのないナップザック」の中身を広げてみたい。そこには特別な食料、地図、パスポート、暗号表、ビザ、服、工具、白紙小切手がたっぷり入っている。それは有益なものだが、一部の男性には重荷になっていないか確かめたい。

　断っておきたいのだが、私は男性全般を非難しているわけではない。なんといっても私も男性の一人なのだ。あらゆる男性性を非難しているわけでもない。私も人並みに男性的である。この本では、男性性についての私の考えを述べ、男性性は人間に有益で人間を幸福するという考えに疑問を投げかける。男性性について話すとき、生物的性別《セックス》と社会的性別《ジェンダー》が混同される。また、男性の身体に関わるあらゆる振る舞いや感情やカルチャーは、変えようのない男性の権限だと思われてもいる。多くの男性にとって、男性的に振る舞うことは、ペニスや睾丸や低い声と同じく確かに生物的なものである。しかし男性性は主に、男性の歴史がつくり出した習慣、伝統、信念の組み合わせである。人間の体は何万年もかけていくらか進化したが、男性的とされる行動は、思春期や炭鉱や忘れられた神のように、わずかのあいだしか存在しないものかもしれない。男性性を変えることはできないとか、変化することを脅威、不自然、女性化だとみなすのはやめよう。私は男性性とは男性の振る舞い方のことだと思っている。大勢の人に女性的だと考えられている振る舞いを、男性もするようにしないといけない。つまり、思いやりがあり、人を幸せな気持ちにさせ、地球を救う振る舞いをである。

私は自分を男だと自覚したときのことを覚えていない。覚えている男性は少なそうだが、それは男性性について考えるうえで重要な時期である。この時期にアイデンティティの土台ができるのだ。私たちは言葉を習うより前にジェンダーを教え込まれている。赤ちゃんが生まれて最初にする質問は「男の子？　女の子？」である。そして性別がわかったら、「おや、美人さんかな？」「彼のキックを見てよ、将来はサッカー選手だ」と優しく話しかける。子供は名前が書けるようになる前にジェンダーの典型を理解している。女の子であれば人形遊び、化粧、ゴシップ。男の子の世界は宇宙船やアクションや競争だらけである。

男性性とは男性精神の構成要素だ。しかし、私はトランスヴェスタイト〔異性の服装をする人〕である。女性的な服を着ることで気分が高まる。これは男性であることへの無意識の拒絶か、少なくとも女性性への逃避である。私は女性の振りをするのが好きだ。男性性とはペニスのある人のオプションだと思っていた子供の頃から好きなのだ。トランスヴェスタイトだと女性の本質がわかるだろうという人がいるが、くだらない。男として育った私に女性が経験することのあれこれがわかるわけがない。わかるなんて思っていたら、女性に対する侮辱になる。むしろ私は、女性の格好をすることで男性のあり方をもっと鋭く考えられるようになった。私は十二歳のときから自分の男性性に疑問を抱いている。自分から少し距離をとってきた。ドーム型スタジアムの入り口で、その男臭いスタジアムのあり様を疑ってきたのだ。だがこれは、女性になろうとしてきたという意味ではない。そして私が男性性に強い興味をもっているのは驚くようなことではない。それは、私の内側でのそのそ歩く獣であり、私はそれを抑え込んで人生をかけて克服しようとしているのだ。

私は十二歳のとき母親のワードローブを引っかき回しながら、こんなヤバイことをしているのは自分だけだと思っていた。トランスヴェスタイトという人が存在することや、自分と同じ気持ちの男性が他にいるなんて知らなかった。あのとき抱いていた気持ちがきっかけで、男性性とは、自分を少しも疑わない男性の行動のことだと思うようになった。私は『フー・アー・ユー?』という私のテレビ番組と展示会に向けて、アイデンティティの本質を調べているとき、アイデンティティとは現在進行中のパフォーマンスであり、静的なものではないということに気がついた。哲学者のジュリアン・バジーニは、「『私』とは名詞の仮面を着けた動詞である」と書いている。

私には男であることを無条件に受け入れた記憶がない。私は白人という、今や光沢を失ったバッジだ。同世代の男たちの行動に罪悪感と恥ずかしさを抱いている。若い頃の自分にとって男性性は問題だらけだった。そもそもがおかしいのだから抑制されなくてはいけないといつも思っていた。母親は長男の私に男性への怒りをぶちまけた。私は十五歳になるころには反男性プロパガンダに加わっていた。今でも、自分は男性でないかのように、いつの間にか男性を観察し批評していることがある。大抵の男性はいい人だし、道理をわきまえている。しかしである。乱暴な人間、レイピスト、犯罪者、殺人者、脱税者、汚職政治家、惑星荒らし、セックス中毒、ディナーで退屈な話をする輩は、男性ばかりだ。

私にはまともなロールモデルがいなかった。父親は私が四歳のときにいなくなり、ちゃんと連絡をとるようになったのは十五歳のときだ。その頃には自分なりの男性性と男性の性意識を確立していたわけだが、それは四十年経った今も自分のなかにある。幼少期の大部分を継父と過ごしたけれど、激昂しやすい乱暴な男だったので私は怯えていた。だから男たちを信頼できなかったし、彼らは粗野で、冷ややかで、私に無関心だった。私は男たちやジェンダーの縛りに苦しんできた。私は男性で、自分を思いやることを学んできたし、男性一般にも思いやりをもちたいと思っている。良いことをしたいという気持ちからこの本を書いているし、変わりゆく世界でどうすればうまく生きていけるか男性に学んでほしいと思っている。

本書は男性を拒絶する本ではない。私はジェンダー地獄にいるとはいえ、かなり古いタイプの男かもしれないことに、この本を書くことで気がついた。セラピーに携わるグループがよく言う言葉がある。「指摘できるのは、理解しているから」。これは、他人の行動に目が止まるのは、自分も同じようにしているためだという意味だ。私はだいぶ長いあいだ男性性を観察してきたので、男性を連想させる特徴をかなりよくわかっている。私は非常に競争心が強く、縄張り意識も強い。とりわけ男性に対してそうである。こういう性質があるかどうか、たびたび他の男性に聞いてみるのだが、ライバルに身構えたり荒っぽくなったりすることはないと口々に言うので、自分は卑しい手段で男たちを出し抜くのが好きなマッチョなモンスターなのではないかと思ってしまう。私はトランスヴェスタイトでありアーティストという境遇のせいで、他の男性に比べて社会の模範となる男性像から自由だし、それゆえに男性性を指摘して（自分に対してさえ）疑問を投げかけてしまう。失うものがない代わりに、反社会的な気質だけがある気がする。

子供の頃、私は男性性の問題を独特の方法で処理していた。男性性をテディベアに託したのである。私に十分男らしさが備わると、自分が継父と同じように家庭の危険になってしまうような気がした。私に宿る男性性は、家にいるミノタウロスに反抗して、イナズマのような怒りを煽ることができたかもしれないが、私の無意識はそういう事態を未然に防いでくれた。私は自分の大きな男性性を、テディベアで親友のアラン・ミーズルスに預けたのだ。立派な男性のロールモデルがいなかったことから、私の無意識は完璧なロールモデルをつくってしまえばいいと考えたのだろう。私は今もアランに従って生きているかもしれない。

そのテディベアは生まれて初めてのクリスマスにもらい、三歳のときに麻疹《ミーズルス》（彼の姓だ）

男が好きなの？
ほら
言えよ
女だよ
ゴクゴク
TOP BANTS
#LEGEND
僕は女々しいんだ
ねえ
聞いてよ
誰も
愛して
くれない
シクシク

にかかるまでずっと一緒にいた。彼の洗礼名（アラン）は隣に住む親友の男の子からとった。皮肉なことに、それは継父のミドルネームであると同時に母親が継父を呼ぶときの名前でもあったので、私の頭のなかでは最上位の男性の役割をめぐって二人のアランが争っていた。アラン・ミーズルスは私といつも一緒にいたせいでボロボロになってしまった。しかし私が大きくなると、ベッドルームでレゴやエアフィックスを使ってダラダラと続ける戦闘に登場する架空のキャラクターになった。空想の遊びのなかでは、アランは気のいい独裁者になり、私は彼のボディガードになった。子供が空想する妙なキャラクターだと思う人がいるかもしれないが、私がアランの知らぬ間に彼に託しているもののことを考えれば、重要な役だと思う。アラン・ミーズルスは概ね私の男性性になっていた。男性としてのあり方を示してくれたし、幼少期に私が素晴らしい男性から感じた性質を象徴していた。アランには私が現在「男性省」と呼んでいる怪しい組織とのつながりもあった。それは、東ドイツの秘密警察「シュタージ」という誰にも異を唱えさせない組織に似ている。アランは反乱軍のリーダーだった。ドイツ軍が私たちのテリトリーを侵略し（第二次大戦から二十年しか経っていなかった）、私の継父もそのドイツ軍の一人だった。私とアランは秘密の谷の基地（私のベッドだ）からゲリラ作戦を行った。私はこれを十五歳になるまで続けた。

今でもその精神戦の砲撃が頭のどこかで鳴り響いている。最近雑誌の特集記事でジャガーの新モデルの写真を見た。赤いFタイプで、唸るような面構えでボディはたくましく盛り上がっている。私は車を所有したことはないが、絶対買うべきだとは思っていた。買うとすれば赤いやつだ。買えないこともなかった。イースト・アングリア地方の田園地帯を幌を開けて爆走したジャガーを、私のスタジオの庭で冷ましているところを妄想することもあった。そのことを妻に話したら調子を合わせてくれた。そして私は目を覚ますのだった。自分なりにものごとを成し遂げてきたにもかかわらず、Eタイプのジャガーに乗っていた継父に対して、自分が男だということをこの歳になっても示そうとしてしまうのである。心のどこかで、私は母と住んでいた家の鍵を閉めて、奴の顔の前で大きくて眩しいローズメタル色の私のディックを振ってやりたいと思っているのである。

　一部の人は男性性を論じても意味がないと主張するかもしれない。男性や女性の振る舞いはどうすることもできず、「生まれつきそういうもの」というわけだ。よろしい、性器はジェンダーにある程度関与している。しかし、かなりではない。

　多くのフェミニストやジェンダー平等の主唱者《アドボケーター》は、生物的な要素がジェンダーの差異にわずかでも関与しているという考えを好まない。男性と女性の脳はまったく等しいし、すべてのジェンダーは条件づけられている、もっと言えば、男性優位的な環境（したがって悪魔的な環境）で条件づけられていると考えている。私は賛成したい。ジェンダーは条件づけられたものであり、それゆえに変えられると思う方が、間違いなく健全だ。

かりに生物的な要素がジェンダーの差異に関与しているとしても、ジェンダー平等を求める主張に影響はない。生得的にジェンダーが不均衡だとしても、不平等な慣習を正当化する理由にはならないし、誰もが平等の機会をもてるようにしなければならない（たとえ一部のグループは他のグループ以上のことを望んでも）ということに変わりはない。私たちは男性から子育てや介護をする機会を奪ってはいけない。西洋民主主義という名の下に、女性が望むならば彼女から殺人や相手に重症を負わせる機会を奪ってはいけないのと同じように。

一九七六年、社会心理学者のロバート・ブラノンとデボラ・デイビッドは、男性の性役割に関する、すなわち伝統的な男性性に関する基本的な構成要素を四つにまとめた。ひとつ目は「意気地なしはダメ」。二つ目は「大物感」。上に見られたいという欲求と、男性の成功とステータスを論じている。三つ目の「動じない強さ」では、とりわけ危機的状況における男性のたくましさと自信と自立心を説明している。四つ目の「ぶちのめせ」では、男性の振る舞いにおける暴力性、攻撃性、大胆さを論じている。

もちろん女性もこうした特徴を表すことがあるが、その場合でも伝統的な女性性とはみなされない。男性はこうした要素あるいは規範を押し付けられている。男性は自分の男性性が他の男性に監視や監督をされていると感じているが、他の男性の男性性を検査してもいる。

男性ならば特定の振る舞いをし、特定の服を着て、特定の権利があると信じ、特定の感じ方をしなければいけないと思っている。しかし、世界は変化しているし、男性性にも変化が必要なのである。

本書では主に男性性の四つのエリアを検討する。権力（男性が世界を支配する様子）、パフォーマンス（男性の服装と振る舞い）、暴力（男性が犯罪や暴力に手を出す様子）、感情（男性の感情）。本書は性差別《セクシズム》についての本ではない。しかし、男性性について書いていてわかったのだが、男性が性差別主義者《セクシスト》になるさまざまなケースに触れないわけにはいかない。本書によって男性性の定義を広げる方法を提示できることを願う。

男性の頭には必ず司令官がいる。無意識的な内なる声がマイクで命令しているのだ。この司令官は男性がそれぞれ属している男性省支部のボスである。この男性省という省庁は基準を維持したいのだ。それぞれの司令官は、男性のあり方に関してさまざまなソース（両親、教師、友人、映画、テレビ、書籍）を基にして男性に指示を与える。また、ソースから思想やイメージを取り出し、完璧な男性のモデルを組み立てる。そして腰を下ろし、指揮下の男性がそれを目標にして生きているか繰り返し確認するのである。その男性は何かにしくじると、自分に価値がないと感じ、自己嫌悪に陥ったり不満を他人に向けるかもしれない。男性はこの司令官に気づいていないかもしれない。自分こそが自分の司令官だと思っているかもしれないし、自分は好きなように生きていると思っているかもしれない。しかし、男性省の存在を知り、その正体を知るまでは、指示に従っているだけである。司令官のオフィスに入る男性にはこの本を携えていてもらいたい。そして勇気ある質問をして未来に目を向けてほしい。私たちは今までとは違う男性性の契約をまとめないといけないのだ。

1

魚に水のことを聞く

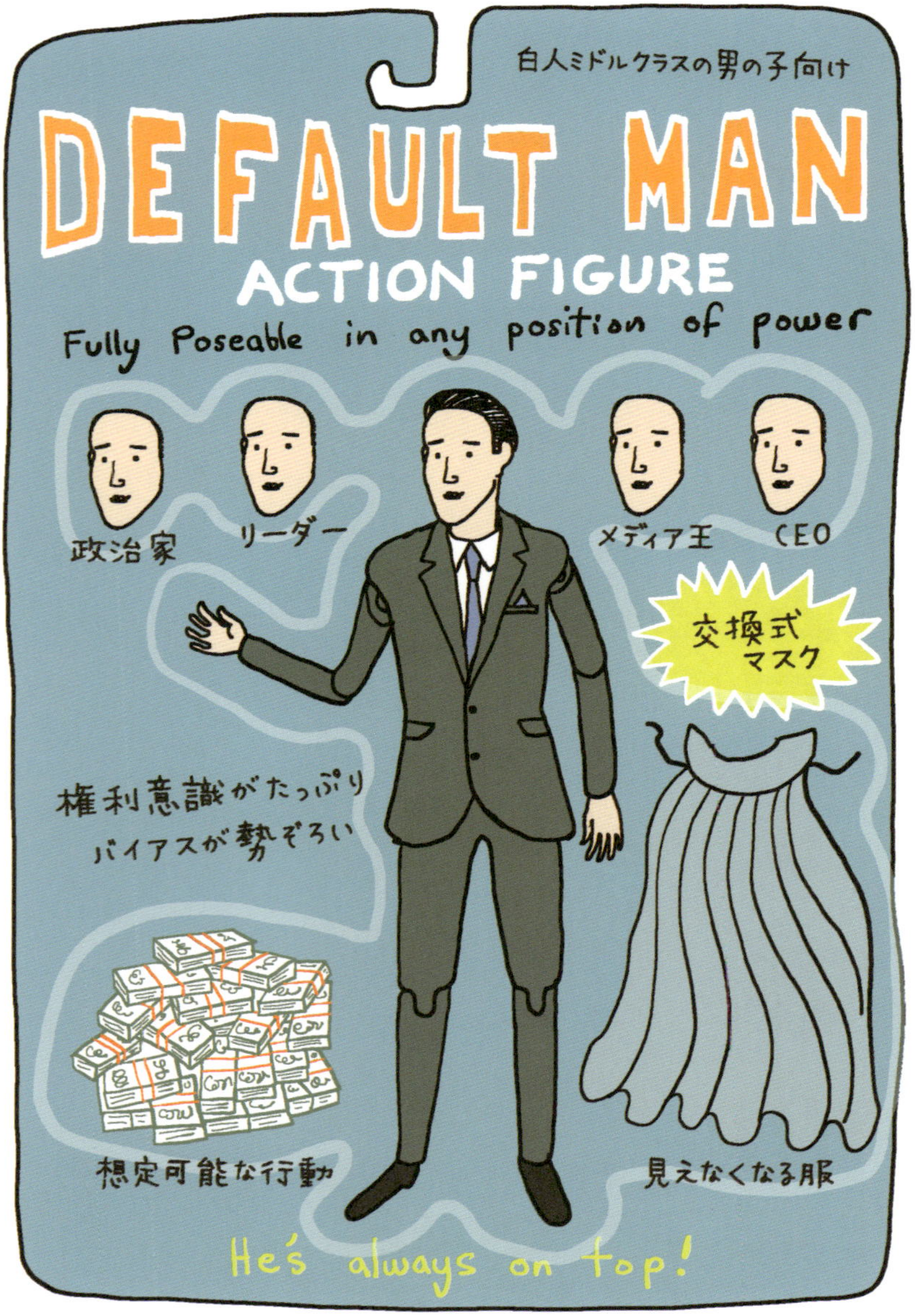

デフォルトマン　フィギュアセット　あらゆる地位に対応
常にトップの男！

カヌーでテムズ川を上っていくと、カーブを曲がっていくと、そびえ立つ巨大なトーテムポールのようなビルの森が現れる。さまざまな男根の形をしたピカピカ光る巨大なビルの群れ。それは、ある驚くべき部族が築いた珍奇な文化遺産である。我々はみな、権力をもったその部族のことを知っている。しかし、その部族の権力が特別なアイデンティティに由来していると思っている人はあまりいない。

この部族はイギリス国民のほんの一部にすぎないが、しっかり調べる必要がある。その数は、イギリス国民のおよそ十パーセントに相当すると思われる。世界の人口の一パーセントもないだろう。「オペレーション・ユーツリー」〔イギリスで行われている芸能人による性的虐待への大規模な捜査〕でよく登場するフレーズさながら、その部族を我々は目にしているのに気づいていない。私は彼らに関心がある。なぜかというと、イギリスや欧米で権力を握っているが、そのことを陳腐な礼儀正しさでごまかしながら仕事をしているからだ。

彼らは上位の階層を独占し、無意識になのかなんなのか、自分たちの価値観や嗜好を人々に押し付けている。カラフルな男根のようなネクタイを首から垂らし、政府（七十七パーセント）や、取締役会（FTSE 100〔ロンドン証券取引所に上場している時価総額上位百の銘柄〕の企業のうち七十九パーセントの役員、九十二パーセントの業務執行取締役）、メディア業界（大量）で大多数を占めている。

彼らとはもちろん、白人・ミドルクラス・ヘテロセクシャルの男たちだ。たいていは中年の男である。そして、この「白人」「ミドルクラス」「ヘテロセクシャル」という各要素によって、昔から自分のウェイトよりはるかに上の階級で戦うことのできる集団でいられたのだ。このアイデンティティをすっきり表せる名前はないものか。「WMCMAHM〔White, Middle-Class, Middle-Aged, Heterosexual Menで白人・ミドルクラス・中年・ヘテロセクシャル・男性のこと〕」のような発音不可能な略語で紙面を汚さないで済む名前はないものか。私は必死に探した。「白い染み」は最後まで捨てがたかったが、私は「デフォルトマン（default man）」と名付けることにした。「デフォルト《初期値》（default）」という語が気に入っている。というのも、その語には「積極的に選択を行わなかった結果」という意味もあるだけでなく、類義語に「責務不履行」と「言い逃れ」があり、件のグループにぴったりだと思えるからだ。

　今日、政治的に正しい二十一世紀のイギリスにおいて、物事は変わったとあなたは考えるかもしれない。しかし、どうも件の「偉大なる白人男性」は繁栄し、相変わらず高い地位にあり、収入が高く、権力をもった役職につき、うようよしている。この男に「素晴らしい学歴」「マナー」「愛想の良さ」「自信」そして「性的魅力（「金」と言わせてもらおう）」が備わっていることは、権力の鍵を握りしめていることを意味する。もちろん、そもそも彼がそうなっている主な理由は、彼が「何」であるかであって、彼が何かを成し遂げたからではない。作家のジョン・スコルジーはブログ「ワットエバー」にこんなことを書いている。ストレートの白人男性でいることは、コンピュータゲーム「ライフ」を難易度「イージー」で遊ぶようなものだ、と。人がデフォルトマンであるとき、その人そのものが権力のようなものなのだ。

　言っておかなければならないが、私は多くの点でデフォルトマンになる基準を満たしている。しかし、私はワーキングクラス出身のアーティストでありトランスヴェスタイトである。権力を象徴するタワーとは十分離れているので、批判的に見ることができるし、タワーの群れをうまく調べ、考えることができる。

　私たちがアイデンティティについて語るとき、背景から浮いている人間、普通ではない人間、まったく異なっている人間のことを、おもむろに思い浮かべてしまうのは自然なことだと思う。デフォルトマンが特殊なのは、彼がいろいろな意味でその背景のほうだという点である。

　彼の世界観、つまり社会の解釈は、最も支配的なナラティブと重なる部分が大きい。そのため、私たちと彼らとを区別するのは難しい。彼の思想や感覚を、現代社会の「まともで正しい」態度から切り取って分析することはできない。まるで、ＢＢＣの喋り方――気取ったＲＰ〔容認発音〕――をする人々が、自分たちの英語にはアクセントがなく、アクセントは北部の人間や貧乏人だけにしかないと言い張っていた時代のようだ。私たちが息をしているのはデフォルトマンの世界なのだから、デフォルトマンが成功するのは当たり前である。なぜなら我々の社会の大部分は彼のルールで動いているからだ。デフォルトマンの性、人種、階級が有利になるように、彼の世界観は政府やメディアやビジネスに組み込まれ、社会の基本構造にバイアス——あからさまなこともあれば、巧妙になされることもあるが——を与えているのだ。デフォルトマンは感情的な利益（社会的な結束、生活の質、文化、幸福など）よりも、「理性的な」ゴール（経済的な利益、効率、自己決定、野心など）を優先する。何世紀も家父長制の時代が続いたことで、この世界はミドルクラスの男性の考え方を反映し支持するようになった。平等を育むためには、社会の基本構造に組み込まれたデフォルトマンのイデオロギーを取り出し、相反する見解を広げて並べてみる必要がある。そうすれば、私たちは公正な社会をもっと簡単につくることができるのである。

基準としてのデフォルトマン

私はアイデンティティがテーマの私のテレビ番組『フー・アー・ユー？』で、クリス・フーネ（六十二歳、ウェストミンスター・スクール卒業生、オックスフォード大学マグダレンカレッジで哲学、政治学、経済学を学んだ自己破壊的なヘテロセクシャル）というデフォルトマンと話をした。デフォルトマンのメンバーだとどんなメリットがあるか、あなたはそのグループを代表しているか、と質問した。彼は私がしたどんな提言も鼻で笑った。デフォルトマンは自分のアイデンティティである部族にメリットがあることを決して認めようとしないし、それを意識することもない。そして、輝かしい資本主義の行く末にもちろん心から賛同している。そう、個人主義者なのだ。

個人主義への執着が問題のポイントである。「個人」でいると、何かをうまくやった場合には、それは当人の努力の成果ということになる。私はファイナンスの分野で活躍し非常に成功している何人かの男たちと話したが、どの男もそろって自分のことを異端者、つまり群れから外れた個人と表現した。彼らは自分が壊すボーダーをよくわかっている。自信家だからだ。しかし、自分以外の者が抑え込まれるボーダーについては、おめでたいことにわかっていないのである。自分たちに職があるのはデフォルトマンだからだ、なんてことはつゆほど考えず、自分たちが優秀だからだと決めつけている。そしてデフォルトマンは、自分は他のデフォルトマンより有能だと思っている。何か悪いことをした場合、それもまた個人に帰する。ジェンダーや人種や階級の関連性は問われない。犯罪を犯しても、例えばそれが詐欺やセクシャルハラスメントだとしても、それらが彼らに特有の犯罪だからではなく、犯罪を犯したその人間が悪党だからということになるのだ。デフォルトマンが感情的になっても「情熱的」とみなされるが、女性だったら性を理由に非難されることは珍しくない。デフォルトマンはニュートラルに見えるだけでなく、実際にニュートラルなのだ。ニュートラルを体現している。けれどもやはり、その立ち位置は特別だ。ニュートラルな服を着ていても、彼らがニュートラルだというのは正しくない。ジョージ・オズボーン〔財務大臣として緊縮財政政策を進めたイギリスの政治家〕が予算を決めるときに、ビジネススーツではなくフラッシュマン〔イギリス人作家トマス・ヒューズによる架空のキャラクター〕と死神を足して二で割ったような格好をしていたら、国の財政を支配する悪党らしくなったと思う。

私たちはアイデンティティについて語るとき、車椅子に乗った黒人のムスリムのレズビアンといった人を思い浮かべる。これは、アイデンティティというものが、疑問を投げかけられたり脅かされたりするときにのみ論じうる問題になるためだ。自分のアイデンティティがうまくいっているときにはアイデンティティを意識しない。自分の性、人種、階層を意識させられるとき、たいていシステムにバイアスが存在している。我らの典型的なデフォルトマンは、存在を脅かされることはまずない。それゆえに、彼のアイデンティティは検査を免れていたのである。彼は呑気に歩いていればよく、権利を求めて声をあげたり、国を守ろうとして立ち上がる必要などないのである。男性が何千年も権力をもってきた結果、デフォルトマンが有利になる偏ったシステムこそが、自然で普通で常識的なものだと誰もが小さい頃から教えこまれる社会になった。問題は、男性の多くが非常に偏った指針に無意識のうちに従い行動し、そういう行動を自然だと考えている点だ。

デフォルトマンは自分をあらゆる価値と文化の評価基準だと思っている。その自覚はないかもしれない。しかし、アイデンティティの基準は自分だと思っているのだ。

彼は他の多くのグループが自分に似た考え方や感じ方をするように、イメージ通りに社会を築いた。それらのグループがデフォルトマンと同じ思考をするのは、それが年長者、教育、政府、メディアの思考であるためだ。デフォルトマンは人の理想に影響を与える発言をよくする。そして、私たちが目指す理想像を彼に都合のいい姿につくり変えた。「男性省」にはデフォルトマンが私たちを取り仕切るためのオフィスがあり、世の中に無意識の連絡票を繰り返し発信している。デフォルトマンが承認したものは良いものとされ、デフォルトマンが却下したものは悪いものとされる。人々は、内面化したデフォルトマンに、女性であること、ゲイであること、黒人であること、愚かであること、無規範であることを非難され、自分たちを嫌悪するようになる。

デフォルトマンが私たちの文化に与える影響をピンセットでつまみ取るのは難しい。何世紀も支配されたせいでこびり付いてしまっているのだ。ある日、私の友人がエジプトから飛行機でやってきた。彼は飛行機がヒースロー空港に降りていくあいだ、チューダー様式を模して立ち並ぶ高級住宅を眺めていた。そして、隣の席のエジプト人男性にその光景を指してこう言ったのだ。「うわ、退屈で古臭いイングランドに帰ってきちゃったよ」。すると隣の席のエジプト人はこう言った。「僕はとてもエキゾチックに感じるけどなあ」。彼は正しかった。地球上の大半の人にとって「デフォルト・イングリッシュマン」は他所の国の可笑しな民族的アイコンなのである。山高帽を被り、ロンドンのサヴィル・ロウ通りで買ったスーツを着て、ヒュー・グラント〔オックスフォード大学出身の俳優〕のアクセントで話し、レジー・ペリン〔BBC製作のシットコム「レジー・ペリン」に登場する人物〕のように郊外の上品なセミディタッチドハウスで暮らしている。やはり、デフォルトマンの部族の衣装と習慣は、他のどの文化にもできないほどグローバルパワーエリートに服を与え、影響を与えてきたというわけだ。リーダーたちはデフォルトマンの服を着て、デフォルトマンの言語を話し、社会のあり方については彼の見解を支持するのである。

何世紀も経て、実証的で明瞭な思考はデフォルトマンのイメージになった。図らずして彼らはチャンスと教育と余裕と権力を与えられ、自分たちの思想を世界に届けている。頭に浮かぶ教授はどんな人？　裁判官は？　リーダーは？

アメリカで初のヒスパニック系女性最高裁判事ソニア・ソトマイヨールが漫画の裁判官の

クリシェになったり、ドイツ首相アンゲラ・メルケルがリーダーのクリシェになるには、もう少し時間がかかりそうだ。

本物の真面目さ《シリアスネス》はデフォルトマンが独占してきた。政治やビジネスやメディアで真剣に受け止められたいと望む世界中の誰もが、グレーのツーピースというデフォルトマンにそっくりの格好をする。しかし特別なことをしているわけではないので、「権力の服装」とはみなされない。私たちはみな、世界を動かすリーダーが色もパターンも時代遅れな、そういう服を着ている写真を見たことがある。そして、多くの女性は特筆すべき点のないこの鎧を着るようにしてきた。世界で最もパワフルな女性であるアンゲラ・メルケルは、驚きも面白みもない男性用の服の女性版を身につけている。大統領選に出馬したときのヒラリー・クリントンも似たようなスタイルを取り入れた。一部のビジネスウーマンに言わせると、こうしないと女性的な外見をトーンダウンした「第三の性」になれないそうだ。

デフォルトマンのアイデンティティに関して最も広範に言えることは、巧みに「普通」のフリをしている点である。「普通」や「自然」はヘイトの根幹にある危険な言葉だ。「あなたもあなたのやり方も普通じゃない」は、差別を受けているマイノリティに向かってしばしば公然と放たれるセリフである。そういう攻撃的な態度の背後にある思想に基づいて、日常の行動のあらゆる判断がなされている。私たちはこのような一見些細な不正義に対して、繰り返し注意を呼びかけなければならない。というのも、ウンウン唸る換気扇のスイッチを切るときみたいに、慣れてしまっているものでもわずらわしさはない方が快適だということに、気づけるかもしれないのだから。『ハイオクの女性たち』の著者であるシェリー・ボーグ・カーターがこんなことを書いている。

第一世代の性差別（女性に対する偏見に満ちた意図的な態度）とは違い、現代の働く女性――男性が占有してきた領域で働く女性は特に――の前には、偽装した敵が現れるようになっている。第二世代の性差別は、女性の昇進の妨害や、女性の生活に対する圧力だ。Center for Gender in Organizations（CGO）の研究者によれば、第二世代の性差別とは「表面的には公平で自然に見える労働文化や業務」であるが、それらには男性的な価値観と、昔ながらの職場環境で支配的な男性の生活状況とが反映されている。

もちろん、この奇妙な少数派、つまりこの妙に力のある白人男性たちは、普通以外の何でもない。カール・グスタフ・ユングは「普通とは、成功しなかった者たちが渇望するもののことである」と言っている。彼らは自分たちの普通ではない力を抑えておきたがる。このスーツとネクタイ姿の人間は、力があらわになるのが面白くないのだ。彼はロールス・ロイ

スよりもメルセデスを好むし、タブロイド紙の編集者の結婚式で首相と気軽に話している地味なオジサンである。

「他者」による変革

アイデンティティ・グループについて語るときに、よく「コミュニティ」という語が口から出る。ワーキングクラスコミュニティ、ゲイコミュニティや、黒人や、ムスリムを代表するのはいつでも「(男性の)コミュニティリーダー」だ。白人のミドルクラスのコミュニティについて聞くことは、なくはないが稀である。「コミュニティ」の定義はデフォルトマンの目が決める。コミュニティとは弱いロークラスの婉曲表現のようである。コミュニティとは「他者」なのだ。

映画批評理論が専門のローラ・マルヴィは、一九七五年に発表した論文「Visual Pleasure and Narrative Cinema」で「メール・ゲイズ(男性のまなざし)」という言葉を提示した。彼女によると、映画のカメラのまなざしには、その監督(ヘテロセクシャル男性)の視点が反映されている(こうしたヘテロセクシャル男性の視点は今も存在する。二〇一五年のハリウッド映画のうち女性が監督したのは興行収入上位二百五十本のうちわずか七パーセントであり、二〇一二年では映画カメラマンのうち女性はわずか二パーセントである）。デフォルトマンのまなざしは映画を支配しているだけでなく、『ロード・オブ・ザ・リング』のサウロンの目のように、社会を見下ろしている。他のあらゆるアイデンティティ・グループを「他者」として扱っている。

一九七〇年代の終わりから八〇年代のはじめ、私が美大にいた頃、フェミニストが用いたスローガンのひとつが「客観は男性の主観」だった。これは、男性の力が私たちの言語内に住み着き、最も本質的な部分に影響を及ぼしていることを端的に表している。男性、特にデフォルトマンは、自分の感情的でバイアスの入った意見を、「理性的」で考え抜かれていて「誰よりも冷静」なものとして広めてきた。男性が理性的であるのに対し女性は自分の感情の犠牲になっているという態度は、今でもよく見られる。女性が日々直面する性差別をインターネット上で共有するプロジェクトの「エブリデイ・セクシズム・プロジェクト」では、女性の意見や感情を退けようとして同僚が「論理屋女子」と言ったという投稿があった。ジャーナリストのハンナ・ロージンは二〇一〇年に『アトランティック』誌に「男性の終わり」という記事を書いている。

研究者たちは長いあいだ、こうした性差をたびたび誇張し、女性の能力を無礼なジェンダー・ステレオタイプに当てはめた――女性は共感しやすく、意見の一致を探り、横方向に考え、優れた倫理観を携えて情け容赦ないビジネスの世界に関わっている、と。九〇年代、フェミニストビジネス理論の分野では、それを無理に推し進めているようだった。しかし最近の金融危機のあと、こうした考え方はさらなる反響を巻き起こした。研究者たちはテストステロンと過剰なリスクをとろうとする性格との関係を研究した。というのも、男性の集団では、この基本的なホルモンの働きによって、大胆な行動をとるように駆り立て合うのではないかと考えたためだ。研究から得られたのは、伝統的なジェンダーマップとは真逆のイメージだ。「非理性的・感情的」なのは男性とマーケットで、「冷静・良識的」なのは女性となった。

デフォルトマンは、女性や「エキゾチック」マイノリティは「情熱的」あるいは「感情的」だとしてきた。まるで、人間の最も奥にあるレンズ（感情によって常に歪むレンズ）のことがわかるのは、自分たちだけだとでもいうように。自分たちは生まれながらに冷静で経験的・客観的な世界観を備えていて、他のあらゆる人間は混乱していて感情の抑制がきかないと思っているのだ。「他者」からするとデフォルトマンが冷静かつ分析的に世界を見ていると思えないのは、こうしたことが理由だ。この場合の「他者」とは、良質な感情知性を育みつつ自分や他人の感情を尊重する社会の一部のことである。自分たちの正しさを訴えるよりも、他人のことを考慮する人々。デフォルトマンよりうまく世界を動かせそうな人々だ。デフォルトマンは長いあいだこの世界のほぼすべてを治めてきた。うまくいっていたこともあったが、単独支配をやめるときがきたのだ。権力に多様性がない限り、より良い社会は生まれないと思う。女性やマイノリティは異なる社会経験をもち込んで、デフォルトマンの決定に影響を与えよう。

物事は変化している。フェミニストの議論は人々に深く浸透しているし、階層は徐々に差が見えなくなっている。女性が男性と対等な意見を言えるようになれば世の中が良くなるかもしれない――そう考える男性が増えている。

革命が始まっている。私は「革命」という言葉を使うことにためらいを覚える。なぜなら、あごひげを生やした若者――革命という手段に頼るのはたいてい男性である――は、革命とは急進的で暴力的なものだという考えを抱きやすいからだ。しかしそれは、凡庸で役に立たないクリシェだ。長期的な変化を生む革命は、平時に時間をかけて起こるものだと私は思う。

デフォルトマンの長き支配からの脱却がゆっくり進んでいる。世界中でポリティカル・コレクトネスが「狂気」から常識へと変わっていっている。平等は、混乱ではなく必要と安心

21世紀では女の人は就職にすごく有利らしいよ 今の時代にぴったりの社交性と世界観があるからね
フェミニストのハッタリだよ 世界のことは男にしかわからないよ

が感じられるものでなくてはいけない。私たちは、性差のない平等な社会になっても男性がうまくやっていけるように、男性性のあり方を再構成する必要がある。男性性は、支配欲のせいでモダニズムとも公平な社会への取り組みとも調和しないものであると論じることはできる。男性性は非民主的になりやすいかもしれない。男性は自分のジェンダーの奥で何が起きているか突き止めなくてはいけないし、それが健全な現代社会にふさわしいものか問う必要がある。そして重要な問題――本書が『The Descent of Man』〔本書の原タイトルで「男性の没落」を意味する〕という題名である理由だ――がある。女性の権力のレベルが上がるにしたがって、一部の男性の権力のレベルは下がるのだ。自分が当然のようにないがしろにされたり、降格させられようものなら、その男性は間違いなく腹を立てる。彼らは変革のネガティブな影響を受けるというわけだ。女性を猛烈に非難するかもしれないが、実際のところは、無用の男性性と支配的な男性エリートの犠牲者なのだろう。権力がキーである。政治や取締役会やメディアや教室にいるリーダーたちの性質が、人々の考え方を決める。権力の様相は社会の良い姿を反映しはじめているが、健全というレベルには全然至っていない。

以前より女性がメディアで公平に扱われるようになってきた。もう女性はソファの端に座っていなくてもいいのだ。女性アナウンサーが女性の主任政治記者に向かってメインのニュースを話していると嬉しいし、それが特別なことでなくなりつつあるのは気分がいい。

社会におけるこうした変化は、人々のアニマル・スピリット〔経済活動で見られる主観的で非合理的な動機や行動〕がシフトするたびに起きているようだ。多くの「理性的」な人々、つまり男性的な人々が、割り当てられていたものが減ったことやポジティブ・ディスクリミネーション〔積極的是正措置のことで、イギリスで用いられている名称〕に対して批判しているのをよく耳にする。しかし、近い将来に変化を起こそうとするのは、必要な政策だと思う。現在の変化率では、英国議会で女性が半数を占めるようになるまでに百年かかる。私は生きているあいだにぜひその日を迎えたい。

デフォルトマンでないこと／あることの足かせ

ポジティブ・ディスクリミネーションへの怒りの声は、男性が特権を奪われむせび泣く声でもある。有能な黒人、女性、ワーキングクラスの人々が、限られた席を得ようとするせいで、デフォルトマンは自分の席を差し出さないといけなくなる。男たちは地下鉄で妊婦に席を譲るのと同等の慈しみをもって、権力の座を明け渡すことが本当にできるだろうか。「あなたがたは私より優れた知性と共感力をおもちですね。こちらにある取締役の椅子にどうぞお座りください」。地下鉄でシートを譲るのはたいてい男ではないのだが。

場所や立場を問わず、性差別《セクシズム》のせいで権力を得られなかった女性がいたおかげで、「無能」という役職に昇進した男性がいるはずである。正しい社会では、こういう男はどうなるだろう？　権力をもつ集団の平等を求めて運動するとき、敗者のことは頭にない。最も権力をもつ組織では席の数は限られている。だから、生得的な「リーダーの資質」（白人であること、ミドルクラスであること、とりわけペニスが付いていること）だけに守られている人々にとっては、平等とは、人員解雇につながるものである。私たちは「the descent of man」をうまく解決しなくてはいけないし、支配への衝動を受け継いでいない者たちに対しては、報酬のようなものを与えないといけない。

社会の進化において、現在のところ、並外れた能力のせいで差別が見えにくくなることがある。並外れた能力をもつ個人が求人に応募したり大学に出願した場合、その能力が輝くあまり、選考する者が抱いているバイアスは目立たなくなる。応募者の性・人種・階層は背景に姿を消し、その人の輝かしい能力がステージの真ん中に立つのだ。差別がよく行われるのは、飛び抜けていない二人の候補者を審査する場合だ。白人・ミドルクラス・男性だとありがたがられる。本当の平等とは、月並みな能力の白人・ミドルクラス・男性と同等に、どんな人にも（月並みな能力の女性、黒人やワーキングクラスの応募者でさえ）仕事のチャンスを与えることである。

割り当てられていた数が減らされることに反対するのはバカバカしい。数の調整がアファーマティブ・アクションだと言ってもいいが、行政やビジネスでデフォルトマンの定員を定めないと、大変なことになる。私たちは能力を無駄にしているのだ。こうした分野に関連する学問（法律など）を修めた者の大半が女性なのだから。

女性が権力をもつことの問題点は自信の無さにあるとよく言われる。しかし、数学のテストを受けた直後に予想点数を答えてもらうという実験をしたところ、女性がつけた点数は、実際の点数より平均十五パーセント高かったという。男性が答えた予想点数は、実際の点数より三十パーセント高かった。本当の問題はこれである。

イギリスの国会議員の約二十九パーセントが女性だ。この割合は世界平均と同じだ。イギリスはパキスタンと肩を並べているのである。多様性のある議会は非常に重要だ。というのも、社会のあらゆる部門にその影響があるからだ。国会議員の声と外見の力を侮ってはいけない。私たちを代表するだけでなく、私たちと声や姿が似ている人物は、権力をもつあらゆる組織で手本になれるし、男女平等を当たり前にする大いなる一歩になる。国会議員はひとつのジェンダーを不当に扱う不公平な政策（女性に対する近年の緊縮のような）を決議しないでほしい。権力における多様性は、多数派を批判する「悪魔の代弁者」をその内部にもつことを意味する。

男性のように能力が低かったり汚職をする可能性は女性にもあるが、女性国会議員の半分はまったく新しいカルチャーをリードするだろう。そして、騒々しい下院の政治闘争の真っ只中にはおらずに、意見の合意や、落ち着いた議論や、共感の中心にいるだろう。現在のイギリスの女性は男性と同じ正規の教育を受けていると思うが、彼女たちが力を手に入れるための社会や心の教育は男性とかなり差がある。白人・ミドルクラス・男性の世界観にはバイアスなどないと勘違いしているグループに、あまりにも長いあいだ治められてきたせいだ。「感情的」と「涙もろい」を一緒にするのはやめるべきだ。すべての人には毎日あらゆる瞬間に感情がある。人は心をオフできない。男性は概して自分の感情に注意しないので、自分の怒り嘲りやすく好戦的な世界観は、感情に左右されないと思っている。女性が政府にもたらしうる集合的な感情知性によって、私たちは理想的で理性的なある種の力に近づくことができ、首相の答弁でよくあるいじめや報復的な態度から離れることができるのである。首相答弁は権力が直接試される機会だから重要なのだが、マッチョなからかい合戦として見られている。この伝統は、間違いなくイギリスのパブリックスクールの寒々しい情緒から生まれたのだ。

ジェンダーが平等の世界では、男性は有益な習慣を身につけるかもしれない。自分が職場でも家でも阻害されているのは、他人を差別するだけでなく自分自身も充実した時間を過ごせないような世界観のせいだと気がつくかもしれない。自分とは何者かということ――自身の非常に主観的な感情――に対する確信と動機を理解すれば、自分が何なのか知ることができるかもしれないし、より効率的に仕事をしたり、より幸せな生活を送ることができるかもしれない。

デフォルトマンの毎日には番号が振られていそうだ。彼の多くの習慣は、よく言えば古風、下手をすると冗漫、危険、犯罪的だ。彼は歴史から授かった役に立たない習慣と態度（アドレナリン中毒、紳士気取り、感情の便秘、確実性への希求、過剰な権利意識）といういかだに乗っており、それらは、しばしば社会にとって悲惨なものだが、気の毒なデフォルトマン自身が充実した生活を過ごせないようにもしている。

私はロンドンのサウスバンクで開催された「男であること」というフェスティバルで、「男たちよ、自分の権利のために腰を下ろせ」と題した男性性がテーマの講演をした。そう、タイトルはふざけているが、男性（特にデフォルトマン）が権力を失った場合、彼らにメリットがあるかもしれないという真面目な主張をしたのである。デフォルトマンのアイデンティティという拘束服は、部族の全員が喜んで着ているかというとそうでもない。リーダーや、一家の大黒柱や、ステータスハンターや、性犯罪者や、尊敬を集める人物や、立派な業績の象徴。そうなっていることへの心地悪さにもだえている者は多い。優れた業績をあげ、性的に乱れていて、野心を抱いている男性は、現状に満足している。序列の少し下にいる男性は、上位の男たちがコントロールするヒエラルキーとバイアスから非常に多くの利益を得ているので、家父長制が続くことを望むだろう。上位の男性のテーブルから落ちたパンくずには、それほど価値があるのだ。屈辱なのにもかかわらず、である。しかし、男性省の力をもらい損ねたり、その力を拒むこの男たち（こういう人は多くいるのだが）は、変化によって失うものは何もない。もし彼らがデフォルトマンの力の正体を知ったら、女性やマイノリティとともに立ち上がるかもしれないし、男性省に見捨てられた人々は、自分だけの成功と幸せを見つける未来のために戦うかもしれない。

デフォルトマンの役目を終えることは部族のメンバーにとって良い面もあるだろう。常に責任を「立派に」背負っているストレスで爆発寸前になっている状態から抜け出したり、人々が平等でいるおかげでロクでもないことをせずに済む世界に暮らしたり、新しい膨大なワードローブから服を選んだり。他人に責任を取ってもらえるという後ろめたい喜びを味わうこともあるだろう。しかし本当の利益は、元デフォルトマンが目に見えるかたちで他人に配慮し、積極的に関与し、良い人間関係を築くことである。これは幸福なことだ。

あらゆるところに潜むセクシズム

私たちの公共の生活をコントロールするデフォルトマン。ここまでは主にその権力について述べてきた。しかし、男性性の力は組織（政府、軍隊、警察）の権力と同じではない。ただ、なかなか見分けがつかない。なにしろ、このような組織は最近まで非常に男性的だったからだ。産業革命は男性支配を強固にした。前産業社会では、男性は主に家の周りで仕事をしたが、現代の男性は仕事に出かけていくし、このことで公共の領域が男性や男性性と結びつくようになり、家は女性や女性性の場となったのだった。男性の権利を求める一部の運動家は、女性が男の子をずっと一人で育てているせいで男性が女性化することを非難してきた。しかし、大きな社会変化の大多数然り、産業革命を始めたのは、考え出してコントロールしたのは、（ご推察の通り）男だという事実は忘れられている。

男性性の力はいたるところにあると思っていい。男性性はあらゆる決定、あらゆる価値判断、あらゆるシステムに存在しているし、それらはいずれもジェンダーバイアスによって多かれ少なかれ汚れている。

二〇一五年にとある研究が大見出しで紹介された。エアコンは性差別主義者《セクシスト》だというのだ。女性が室温を低くしたくないとしても、必ずと言っていいほど、男性が快適でいられるように設定されている。「北風と太陽」の寓話のように、力で強引にではなく、少しだけエアコンの設定温度を上げることで、男性のパワースーツを脱がすことができるかもしれない。

男性性の権力は男性性の歴史とともにある。だから、実際に男性の力を増長させるものと、その歴史のせいで男性の権力とつながっているだけのものとを区別するのは難しい。十九世紀の女性の服（コルセットやクリノリンなど）には、女性をコントロールする要素があるが、十九世紀のネオゴシック建築はセクシストだっただろうか？　男性が占有する建物を築くために男性の建築家たちによって手がけられたし、男性がはるかに支配的だった時代を連想させ、男性支配的な教会を示唆していたので、セクシストのプロパガンダだということはできた。しかし、その建物そのものはセクシストだっただろうか？　英国国会議事堂やセント・パンクラス駅などの建物は、非常に装飾的で手が込んでいるので、女性的だと思われるかもしれない。この問題は「ジェンダー・スタディーズ省」に任せることにしたい。

ただ、こうしたものに男性的な力が宿っていると考えるのはバカな話ではない。私はドレスを着ているときでも男性用トイレを使う。女性専用スペースへの配慮から主にそうしているのだが、男性用トイレは列ができにくいというのも理由のひとつだ。公共の場の女性用トイレは十分あるとは言えない。なぜだろう？　ほぼすべての建築家は男性である。

つい最近までデザイナーの大半は男性で、彼らは「自分こそユーザー」症候群に苛まれていた。つまり、典型的な男性らしく、標準的なユーザーのことが、とりわけ女性のことが頭になかったのだ。世の中には、ミソジニーやセクシズムだと指摘しやすいものがある。建築現場で作業しながら女性にちょっかいを出す男。地下鉄車内をうろうろしている男。女性教育を男性教育ほど真面目に習わない男。女性は上司ではなく秘書になってほしいと期待している男。この他にも、女性が日常的に遭遇する面倒事がそうだ。しかし、権力の高層ビルを登っていくと、家父長制という殿堂は雲の中に消えていく。ぼやけていくのだ。男性はずっと権力の座についていて、自分たちの思想を正確に反映する世界を築いてきたので、社会という名の織物には男性性が織り込まれているのである。私はあらゆるもの疑っているらしい。このゴミ箱はセクシスト？　交通規制は反女性的？　女性建築家のデザインはどんな家？常識からも機能的なデザインからも正義からも、男性性を解きほぐすのは簡単ではないのだ。ずっと昔から男性によってすべてが決定されてきたせいで、「きみ、それが物事というものなのさ」と言われてしまうと反論できない。

多くの「ニュートラル」と思しきデザインには、男性の好みを優先しているバイアスがある。私はいつも企業のロビー（たいてい黒いレザーソファが点在し、ベージュの大理石が敷かれ、男根の奇妙な彫刻が散見される）に迷い込むと、独身男のだだっ広い住まいにいる気分になる。壁にフェラーリのポスターが掛かっていたり、ロビーの片隅にゴルフクラブのセットがあっても驚いたりしない。男性デザイナーが自分の男性的な世界観に気がついていない例をもうひとつ挙げておこう。一九五〇年代、六〇年代、七〇年代のモダニストの住宅は「住むための機械」であることを強調しているが、一方でベーシックで、整然とすぎず、交流ができ、広々としているという、複数の家庭からなるコミュニティにとって必要な要素を無視した不気味なものになっている。

デザイナーはオタクになりがちだ。私たちはテレビのリモコンやセントラル・ヒーティングの使い方に苦労するが、それらを設計したのは、他のオタク界に関心のない機械オタクである。アップルが大成功した理由はここにある。ロジック大先生に向けてではなく、バランスのとれた人間に向けてデザインしたのだ。

男性に独占されていたとしても、デザインや生活環境そのものが粗悪なのではない。ただ、そういったものに疑いの目を向ける場合、組織内のジェンダー不平等以上によく目を凝らして見ないといけないのである。意味のないジェンダーバイアスが潜んでいないか疑うことが大切なのだ。一気に問題は解決しない。どんなときでも抵抗しよう。思考、観察、行動で実践することが必要だ。男性の権力についてよく考え、観察し、認識し、必要なら反撃しよう。

見えにくいジェンダーバイアス

男性性のイデオロギーが人々の常識に混ざることで、その姿が見えなくなるプロセスは、ロラン・バルトによって「名称抹消」〔常識とすることで言説のもつ意味を隠蔽すること〕と名付けられた。男性性について男性と話すとき、私はよく魚に水のことを話している気分になる。男性は男の世界に住んでいて、他の世界を想像することができない。多くの男性が無人カーに乗るような日がいつ来るかはわからない。男性はすべてをコントロールすることに囚われすぎて、オートマでさえ運転しない。家父長制という醜いバイアスが存在しない世界について、男性たちと話していると、重力のない世界のことを説明しているような気持ちになるし、ジェンダーバイアスは彼らが現実を捉えるときの原理なのだと感じる。

おそらく男性（特に白人男性）が解放運動家に困惑するのは、「男性」や「白人」という括りで語られるときだ。白人男性の権力は、「名称抹消」されたのち、白人男性以外のすべてを評価するアイデンティティだとみなされてきた。けれどもフェミニストと人権運動家は、かつてないやり方で白人男性を前景化させた。デフォルト状態で支配的な白人男性に対し、対等になる「他者性」を与えはじめたのである。すると、白人男性は嫌がった。この視覚化のおかげで、男性は被抑圧者らしい被害者の立ち位置をとった。家父長制は安定を失い、

スミスさん その態度と服装では 真剣に働いてるとは 思えません
ESS
INC.
L

ラブリー株式会社

「対等」へと立場を下げているようだが、まるでそれ自体がなおも抑圧しているグループより下位に落ちたかのように、悲鳴をあげた。男性は、女性校長の前に引っぱり出されて怒られているように思っているし、不公平だと感じている。彼らは無数の特権が与えられていたことに気づいていない。だから彼らからすると、フェミニズムは対等になることを求めているのではなく、男性のアイデンティティの核を攻撃しているように見えるのだ。被害者から見た迫害者。心理療法士ならそう呼びそうなものを、男性の権利団体は存在の根拠にしているようだ。

大人でも子供でも男性は、ジェンダーや性のポリティクスや、性的暴行防止や人との触れ合いは、女性が考えるトピックだと思いがちだ。男性ジェンダーの「不可視性」や男性ジェンダーの支配的な主観性が原因で、多くの男性はこれらすべての問題は自分たちには関係がなく、「他者」に関係があると思っているようだ。男性は特権的な立場にいるので、そのような問題を積極的に論じようとしない。男性であることの良さは何かと質問したところ、ある男性グループのメンバーは「自由です、したいことがなんでもできる」と答えた。彼がそれを手放さないのはなぜだろう？　パッと浮かぶのは、ある男の姿だ。二十一世紀モデルの男性性を買ってみたがしっくりこないので、それを返品してヴィンテージのテストステロン入りターボ付きマチズモに交換しようとしている——なぜなら、その方がはるかに楽しいから。二〇〇一年四月、イタリアの首相シルヴィオ・ベルルスコーニは「私とセックスしたいかと女性に聞いたら、女性の三十パーセントは『イエス』と答えるだろう。七十パーセントは『え、何？』と答えるだろうが」と言っている。

男性の得点競争

現代の男性が、自分が行ったセクシスト的な数々の不品行を告げられた場合、それは彼らにとって恥辱になる。ジェンダーの平等は〔ウィン・ウィンではなく〕「ルーズ・ルーズ」になるようだ。変化の取り組みに男性にも積極的に参加してもらう唯一の方法は、社会だけでなく男性にもメリットがあるように、ジェンダー平等の枠組みを丁寧に考えていくことだろう。男性の性役割は男性の幸福をどのように破壊したか？　伝統的な男性には何が足りないのか？

男性は、男性の性役割の束縛から生じる感覚に気づいていないかもしれない。気づいていれば、その締め付けをゆるめようとするだろう。男性の性役割の負の面を語りたくても、遠慮なく語れるアリーナは少ない。その負の面について話し合うべき人がいる。独裁者、業界の実力者、執政者、暴君、いじめが好きな男、軍の指揮官という、古い社会にいる輩だ。古臭い男性性を用いて乱暴に振る舞い続けそうだ。彼らは男性であることで得られる惑星破壊的な特権を手放すことを、冷静になって徹底的に議論するだろうか？　「俺は不正なかたちで利益を得るこのビジネスが、女性に与えるネガティブな影響のことを考えてる。その影響を調べてみよう。会社に強姦的、奴隷化的な面がないか調べてみよう。俺は人の意見を聞かないし横暴だけど、これは自分に対して厳しいってことなんだ。辛いんだぜ」と。いや、ない。

男性は自分が受け継いでいる権力のことを無意識に考える。『男性と男性性の研究』の著者であるデイビッド・ブッフビンダーによれば、ペニスとは大当たりする可能性の高いくじのようなものだそうだ。ペニスがあることは、権力をもてる可能性があるということだ。それは、一等賞とまではいかなくとも、星の数ほど賞があることを暗示している。実際には大勝ちしている男性はごく一部だ。我々は夢を売られてはいるが、男性性の大きな報酬は、特権的な少数に与えられるだけだ。多くの男性は、男性性支配の物語に納得しながらも、不満と隷属の人生を送っているのである。だから彼らは怒るのだ。

社会経済的地位の低い生い立ちの男性は、政治や文化的な面で力を与えられずにいることが多いが、粗野で物理的な方法で権力を手に入れる傾向があるようだ。圧力、量、暴力、はなはだしい消費。ペニスがあることは、体の前で架空の賞がぶら下がっているようなものだ。それは権力、尊敬、誇りという歴史的な生得権を象徴している。男性性があってももらえるはずの報酬を与えられず、自分に力がないと感じている男性は、人間社会の序列で下にいる者に、敬意を強要する。一定の男性性の基準に満たない男性に向かって、自分たちの規範から外れている者たちに向かって、そして女性に向かって。

もちろん多くの男性は暴力的な幻想を抱く悪党ではない。悪党であってもたいてい一市民として過ごしている。しかし、ある種の支配をどうしても行ってしまうのである。男性はことあるごとに「お尻クンクン」をする。ある三十歳の男はローワーミドルクラスの結婚式で、どんな車に乗っているかと仲間に聞くかもしれない。アーティストなら「どこで展示をやってる？」と聞くかもしれない。サイクリストなら道路で出会うと「どれくらい走ってきた？」と聞くかもしれない。このような質問には挑戦的な意味がある。どれくらい成功してる？　どれくらい金持ち？　どれくらいマジ？　どれくらい健康？

男性と話をしていると、「得点競争」が気になってくる。低レベルなところでは、誰のダッドが一番スゴイ車に乗り、誰のダッドが一番スゴイ仕事についているか、という子供の口喧嘩だ。あるいは、バイクを盗んだとか、テーマパークに行ったとか、コンピュータゲームをマスターしたとか、十七歳がする自慢のようなものだ。教育や収入の話でも常にこれと似たような展開になる。直近のトライアスロンのタイムや、なぜかブランド物の値段が話題になることもあるだろう。美術研究者だったら、よく知られていないアーティストや作品に言及するかもしれない。「え、そんなことも知らないの？」とばかりに。会話はカードゲームに似ている。他人をぶちのめすために切り札をもっていたい、と男性なら誰でも考えているのだ。

高学歴で優しくて知的でマナーを知っていて政治的に正しい男たち。彼らは、自分たちはそうじゃないと主張するだろうが、種としての男性にまともな自己認識能力はないし、「得点競争」はとても巧みに行われるので、彼らの言い分はあてにならない。彼らのお気に入りのコーヒーバーは最高ランクの店だし、彼らは誰かが外国映画を絶賛していたら、オリジナルの外国語版（もちろんこの方が上）を観る。さらにあろうことか、自宅のレコードのコレクションを並び替えたと言って、音楽の初心者、いわばヨチヨチ歩きの人間を責めるのである。彼らの自由競争的な育児哲学は、「偉大なる父を目指すオリンピック」でトップになるというものだ。腕相撲をする代わりに、「これ知ってる？」「どれくらいおしゃれ？」「最先端の意味わかってる？」というかたちをとる。あなたはディナーの相手に食事中ずっとiPadで作品を見せられていないだろうか？　知り合いだという有名人の名前をひけらかされていないだろうか？　支配しようとしたり、感銘を与えたいと思うのは、男性性の中核であり、表に出てしまうものなのだ。

こうした「スラップ」はしばしば無意識に行われる。あるディナーで私が退席しようとすると、隣に座っていた女性に夫を紹介された。「ああ、そういえば」と彼は言った。「パーシー・サーカスを自転車でヒーヒー言いながら走っているのを見ましたよ」。私は笑顔だったが、「ヒーヒー言いながら」という言葉は私のプライドに突き刺さった。彼が知っていたかはともかく、サイクリングは私が最もプライドをもっている分野なのである。私はとても健康で屈強なサイクリストだ。仮にもし、私が丘を登っていて、先を行くサイクリストが目に入ったら、私は丘の上にたどり着く前にそのサイクリストを抜かなければならない。追いついてもすぐに追い抜かず、息を整えて、まったく平気な顔をして元気に挨拶をして通り過ぎるのだ。私は中年の自転車仲間にこんなジョークを言う。若いやつを抜くときは、自分の年齢を背中に書いておいて嘲笑ってやろう。私は間違いなくパーシー・サーカス（ロンドンにある場所であり、セックスのショーではない〔パーシー（Percy）はペニスの愛称として用いられることがある〕）で「ヒーヒー」言ったりしていない。彼なら「ヒーヒー」言うだろうから私にそう言ったのか、それとも反射的に私をバカにしただけなのか。私はすぐに、彼のハンサムな鷲鼻面からさまざまな性格を読み取った。傲慢だが弱い、卑劣漢、独りよがり、カウボーイブーツを履いてそう、白シャツ、日焼け。自分の存在や態度を疑わない典型的なアッパーミドルクラスのクソ野郎。私（ワーキングクラスのボヘミアンな意気地なし）だってあらゆるものに不満を抱いているわけではない。

私は自分の力のアリーナ（アート業界と一部のメディア業界）の外にいるとき、裸でいるような感じがする。私が何者か誰も知らない場面では、他の男性がもっている力のかたちをバカにしてしまう。私のはお前のよりも大きくて賢くて珍しくて洗練されているんだ！と。彼らには猿並みの筋肉と、漫画の車と、ビジネスの悪知恵と、いやらしい政治の言葉だけがあり、私はそれらを観察してバカにしているのである。そして強くなった気分になる。

男性性の危機

現代の男性は常に危機にある。なぜなら、他人よりも上回っていたいという男性の衝動は、啓蒙主義以降の現代世界の中心的な概念、すなわち人間はみな平等であるという思想にそぐわないからだ。やっかいである。

このアイロニーは男性性が不安定になる状況をよく示している。平等と技術の進歩と人権に関する現代の取り組みは、昔から男性が肉体で行ってきた物理的な支配を狙い打ちにしている。人類がうまく生き抜くために必要だった脳には、だいぶ前にあるプロセス（現代性と民主主義）が設定されたが、それは古い男性性と合わないものなのかもしれない。男性支配とそれが生み出す文化は、肉体的な強さが知恵や感性や知性を打ち負かす太古の時代に

現実世界
男の世界

始まった。人間が大きくそして強くなろうと進化した結果は、現代というコンピュータや自動化した工場やロボット戦争の時代になっても見られる。この世界のことを思うなら、何十万年にもわたる進化の結果について、立ち止まって考えた方がいい。私たちが向かっているのは、そういう時代なのだ。体が小さくても繊細な男性を増やさなくてはいけない。ギャレス・マローン〔イギリスの合唱団指揮者、テレビ番組が有名〕を今すぐ精子バンクに連れて行こう。

ここで繰り返しておきたい。男性は、変化にメリットがありそうな場合、ジェンダーの問題に参加する。うまく力のバランスを取ろうとすると、さまざまな人がさまざまな感情を抱くことになる。ある人はフェアだと感じても、剥奪だと感じる人もいる。社会は男性を励ましながら、「ずっと苦しかったですよね。あなたは男性の大きな体で、支配したり守ったり与えたり、立派にやってきましたけど、時代は変化しています。みんなは今でもあなたを愛していますが、もうあんなことはやめてください。他のことをして楽しみましょう」と言わなくてはならない。こう提案しても、サッカーファンにサッカーより編み物を楽しもうと言う場合のように、拒絶されるかもしれない。男性性の大部分は時代に合っていないが、だからと言って簡単にお払い箱にはできない（したいが）。私たちには男性の絶えず動き続けるエネルギーをうまく利用する創造的な方法が必要なのだ。

ハンナ・ロージンによれば、アメリカでは職業を十五種類に分類したうち、男性が大きな割合を占めるカテゴリーは、コンピュータエンジニアと用務員の二つだけで、その割合は今後十年でさらに増えるという。中国では、二〇一五年に女の子百人に対して男の子は百十八人生まれた。発展途上国では女の子より男の子が生まれるのを望む古い考えが廃れつつあるし、経済が現代化し発展するにつれて、女性のスキルの方が今の時代の経済に望ましいことが明らかになっている。子供であれ大人であれ、男性は変わらなくてはいけない。平等な社会やメンタルヘルスのために、そしてデジタル時代を生き抜くために。

男性性の危機を叫ぶ議論には、今後も続き、どの時代にも妥当な「自然な」男性の権利を主張する声がある。気高い獣が、現代という時代に困惑している男性からは程遠いターザンのような叫び声をあげ、女性化した男性たちを救いよみがえらせる気でいるのだ。このような男性のビジョンは、冒険家のベア・グリルスやサバイバルの達人のレイ・ミアーズらのテレビ番組に登場する。彼らは野生の世界で生きる術を教えてくれる。鹿の死骸の皮を剥いだり、枝で小屋をつくる方法を教えてくれるのだ。私は彼らがロンドンで手頃なフラットを探し回ったり、子供たちのために立派な公立学校の手続きをしている姿を見てみたい。これらこそ、二十一世紀のサバイバルスキルである。

大惨事への準備や、自給自足の生活への回帰は、新しいことではない。男性は昔から、極限の状況に備えるかのように過剰な装備をする。昔であれば、振りかざすわけでもないのに凝った剣や、胸壁に囲まれた風格のある家。現代であれば、五秒で時速百マイルに加速できるくせに乗り心地が悪く荷物の収納スペースのない車や、十五キロは痩せられそうなビール腹の男が乗る七キロ（価格は一万ポンド）の自転車だ。こうした商品からわかるのは、それを買ったのは、生命を脅かす危険とハイレベルな競争に直面しているような男だということだ。

私はタンザニアのような場所を車で走っているところを想像する。そこは、現代の男性たちが、進化で必要とされた本能（プライド、テリトリーを守る執念、狩のスリル）のカスを使い切るアリーナだ。車を運転するとき、他のドライバーは見えなくなる。どう運転しようとしているかわからない。車に何かされた場合、私たちはそのドライバーの判断に怒りを向ける。怒れる男は他のドライバーに怒りを向け、続いてテリトリーの攻防が起こり、最終的にはクラクションや喧嘩という、いくらか独断的に自分のラインを維持する行為が行われる。

男性性が危機にあるという考えは少しも新しくない。歴史を見ればわかる通り、男性のあり方に疑問を呈し、それが受け入れられるというサイクルは、何度も起きている。第一次大戦中、集団的な「シェル・ショック」が発生したことで、メンタルヘルスの専門家たちは、自然に精神を回復する能力を男性は生まれつきもっているという考えを再考しなくてはいけなくなった。それより前には、機械の普及と産業革命のせいで白人男性は身体的に弱くなったと言われた時代があった。それから二百年後、今度はその産業が衰退したことで弱くなったと思われている。十七世紀の後半という昔でも、男性性の概念は、内戦、資本主義と植民地主義の拡大、初期の女性解放運動により打撃を受けた。男性の性役割とは条件づけられた感情と振る舞いの組み合わせであるため、男性の性役割を定義する特徴や範囲がずっと変化してきたことは、驚くことではない。男性性の概念が社会と技術の進歩に逆行する点は、昔も今もおそらく変わらない。男性性はノスタルジーとつながっているようだ。これについては後で述べる。

では、男性はどこへ向かうのだろう？　どこへ向かうべきなのか？　知人の男性の多くは、自分たちのことをフェミニストだと言うと思う。ただ、私のマッチョな懐疑心が、フェミニズムはあらゆる政治思想と同じく、男性がすべてにおいて正しくなれる新たな機会を与えてしまうと言っている。とりわけ、別の男性をこき下ろすことにつながるとしたら、男性は惹かれるのではあるまいか。男性はリーダーだと思われることを好むが、今の女性にとって、そういう考えは最もどうでもいいものである。男性がフェミニストになりたいならば、ジャーナリストのヘレン・ルイスが『ガーディアン』紙に書いた記事を読むべきだ——「簡単だ、モップを手に取ればいい」

2

男性省

すみません
男性省は
どこですか?

用務員は二十一世紀の男性の仕事として普及しつつあるが、男性がモップがけをしながら自分のことを男らしいと思っているかは疑問である。多数派の男性にとって、用務員は馴染みのある仕事ではない。権力を求める男性は、権力があると思われているかどうか、そして、権力をもっている人間らしく振る舞えているかという点をとても気にする。ジェンダーをめぐる議論において、振る舞いを考察することは重要だ。しかし、その考え方に首をかしげ、こう言っている人は多いかもしれない。「呼吸ができるのと同じように、ジェンダーは生まれつきのものだよ。わざわざ身につけるものじゃないでしょ？　振る舞うという言い方だと、ジェンダーは固定されてなくて、オプションみたいに聞こえる」。しかし、男性性と女性性はそもそも生物的なものではない。誕生してから生きていくなかで身につけるものなのだ。おそらく人間は、遺伝子とホルモンの特定の働きで環境に反応するようになっている。男性性と女性性の一部は先天的かもしれないが、私たちがジェンダーだと考えている要素のほとんどは、後天的に習得するものなのだ。たいていの人は大人になる頃には男性または女性として見られるように、自然に振る舞えるようになる。このような振る舞いがすっかり体に染み付いてしまうと、検討したり疑問をもったり変えたりするのは難しい。「男性」や「女性」になりきって気取って歩く方が楽である。

私たちは人生という劇でこうした役を演じているが、ちゃんと台本も与えられているのだ。

昔から人間に不可欠な文化の原型は物語《ナラティブ》である。物語《ストーリー》は私たちの心の一番奥に働きかける。誰だって内側にさまざまな神話、伝説、民話、ゴシップ、歴史ドラマを抱えている。その多くは無意識のなかに吸い込まれ、私たちが毎日演じる「台本」をつくり出し、人生に意味を与えているのである。例えば、仕事に行く理由、良きパートナーとしての行動、コミュニティで敬意を得る術、素敵な男性になる方法。私たちは無意識がつくった台本の役柄に、個性と奥行きを加えるものを探しながら生きているのだ。

人類学者のケイト・フォックスに、イギリス人のアイデンティティの構成を表す三角形の図を見せてもらった。その図では、底辺から頂点に行くに従い、「広範かつ本質的で人間に共有の要因」から「表層的で具体的な要因」となっていた。一番下に「ホモ・サピエンス（人間）」とあり、その上が「性《セックス》」。ジェンダーというものを、特定の性器をもつ人間に与えられた性質と条件のまとまりだとすると、性はとても本質的だ。ケイトの図では、「性」の上には「現代西洋文化」や「自国文化」や「社会階級」や「社会集団」や「家族」や「しつけ」や「教育」が来ていた。もちろん、これらは人のあり方を決める。しかし、男性であるか女性であるかによって、「性」より上位の層が担う影響はかなり変わってくる。ケイトはこの図によって、他人に自分の個性がどう思われていてもアイデンティティにはほとんど関係がないことを教えてくれた。我々が何者であるかは、「個人」としてのあり様よりも、人間としてのあり方や、特定の社会への属し方に強く関係しているのである。私たちのアイデンティティは、グループ、社会集団、地理、歴史がつくる入れ子構造のヒエラルキーだが、そのすべてから滲み出てくるものこそがジェンダーなのである。

ジェンダー化された消費者言語

子供の頃、私は模様（とりわけ女の子っぽい模様）が入った皿やボウルで食事をするのが嫌だった。シリアルを食べているとき、叔母の食器に描かれた花や田園風景は耐えらえないという無意識からのシグナルがあり、落ち着かなくなっていた覚えがある。私は青と白の縞が入ったコーニッシュウェアの食器を選ぶようにしていた。叔母の陶器にジェンダーの偏りを感じたためだ。縞模様は男が選びたくなる柄なのである。

デザイナーたちはこんなことを言う。ニュートラルな商品を「ガーリー」にしたいなら、「小さくしてピンクにしろ」。デザイナーたちは、自転車やスニーカーやカミソリを甘ったるいピンク色にするだけでなく、女性性が読み取りやすいしるしを用いる。私はそれに惹きつけられていったのだ。私はそれを「渦巻き蔓」と呼んでいる。誰もが目にしたことのあるものだ。見たことがないと思うならグーグルで「フェミニンなモチーフ」と検索すれば最初の方に出てくる。必ず渦巻きと蔓と花でできていて、ハートや蝶も一緒にあると、さらに甘ったるい感じがする。「渦巻き蔓」は、さながら「フェミニン」を表すインターナショナルな消費者言語だ。生理用ナプキンや化粧品などの女性用商品だけでなく、バイクジャケット、自転車用ヘルメット、リュックサックといった男女両用のアイテムを、女性向けにする場合にもよく見られる。最近では王室の結婚のニュースで画面の縁にも用いられ、視聴者に向けて結婚は女性のイベントだと訴えていた。奇妙なことに、こうした「ガーリー」な商品は男性向けの商品より価格が高いのである。女性の方が傾向として買い物好きだということを売り手側は分かっているのだ。

子供たちは三歳から五歳にかけて自分が男か女かを意識しはじめる。それは大切なんだとさまざまな仕方で理解はするが、男か女かは固定されているわけではないということは理解していない。知ったばかりの自分のジェンダーを抱えて、ジェンダーの規範から少しでもずれた格好をしたら、アイデンティティの核が失われてしまうと心配するのだ。だから、女の子は髪を切ったら男の子になってしまうと怯えるし、男の子はドレスを着たら女の子になってしまうと怯える。(だとしたら)女性性は男の子にとって愉快なものではないだろう。二〇一四年にアメリカ人の九歳の小学生グレイソン・ブルースは、マイリトルポニーのバックパックを背負っていたせいでいじめられた。災難を招いたグレイソン少年はどうなったか？　学校側はそのいじめを正したか？　否。グレイソンにそのお気に入りのバックパックを背負わないように言ったのである。

不思議なことに、私が育った一九六〇年代には、物質文化は明確にジェンダー化されていなかった。現代のおもちゃ屋に入ってみると、男の子向けと女の子向けのおもちゃがはっきりと区別されて並んでいるのがわかる。昔に比べて境が厳密になっている。男の子向けのおもちゃは機械っぽくて、アクションや戦闘ごっこをするように設計されている。青、黒、銀、あともちろん迷彩色。女の子向けのおもちゃはままごとや美に関係のあるもので、どれもピンク色。オールドピンクではなく人工的なバービーピンクである。ジェンダーのしるしがわかりやすいとよく売れることを、マーケティング担当者が知っているためである。明らかに女の子向けにつくられたおもちゃ（ピンクで蝶々と妖精が描かれている）は、めったに男の子の手にわたらない。服飾史の研究者ジョー・B・パオレッティによれば、ジェンダー化されたおもちゃがよく売れている理由は他にもあるという。妊娠時の超音波検査である。出産前に赤ちゃんの性別を特定できる時代になったことで、その夫婦や夫婦の友人・家族が赤ちゃんへ贈るジェンダー化されたプレゼントを、余裕をもって用意する時間ができたのだ。

私たちがピンクは女の子向けだと思っている事実を基に、ジェンダーに関する文化表現の推移を考えることができる。慣習化されていたわけではないが、十九世紀まではピンクは男の子の色だった。男の子とは小さな成人男性であって、成人男性は赤い軍服を着ていたことからピンクは男の子のものになった。ジャーナリストのジョン・ヘンリーは『ガーディアン』紙にこう書いている。「大戦後半の一九一八年、アメリカで最も権威のある女性誌『レディース・ホーム・ジャーナル』(現在も存在している)は、不安な母親たちにアドバイスを送った。『このテーマには実にさまざまな意見が交わされていますが、ピンクは男の子に、青は女の子に、というルールが広く受け入れられています。ピンクは決然としていて力強い色であるため男の子にふさわしく、青は繊細で上品であるため女の子にふさわしいからです』」

この二つの色は次第に立場を逆転させ、一九四〇年代には、ピンクは女の子の色で青は男の子の色だと売り手が設定するようになっていた。決定的なターニングポイントは一九五三年のアメリカ大統領就任式である。アイゼンハワーの妻マミーがピンクのドレスを着たのだ。実に女性らしい落ち着いたピンクだった。マミーはピンクが大好きで、基地から基地へと夫の軍務で移っていったときも、お気に入りのトーンのピンクの色見本を持ち歩いていたので、宿舎を我が家のごとくあっという間に設えることができた。ピンクが女の子の色として定着したのは一九七〇年代になってからだが、当時はそのことに抵抗するフェミニズム運動の時代でもあった。ピンクの歴史を見てみると、男性性と女性性の象徴はまったく恣意的であるということがよくわかる。ジェンダーを明確に示すために必要な小道具とジェスチャーと台本は、本来的に決定されているのではなく、一時的な社会的構成概念なのである。

私たちは子供の頃にこうしたデザインのメッセージを感じ取っていた。女の子用のアイテムは「装飾的」なデザインになっている。キックボードのデッキ部分に書かれたピンクの文字さえもだ。男の子用のアイテムのデザインは「機能的」。男の子は本当に幼い時期から男性的なものを手に取るというわけだ。男の子用のおもちゃのパッケージには迷彩《カモフラージュ》が描かれていることがあるが、このミリタリー模様あるいはハンター模様は、「渦巻き蔓」の男性版であり、やはり装飾的である。どんなパッケージの場合でも、迷彩はグラフィックな趣と性役割の両方を提示できる。トイレ練習パンツや赤ちゃん用肌着、そして携帯電話ケースや男性用貞操帯に至るまで、私は、迷彩で彩られたあらゆるものを目にしてきた。十代の私のように、少年が迷彩を着ているからといって、士官学校の生徒だとは限らない。彼らは男性的な服のなかで変わったものを選んでいるだけだ。

もちろん、ひどいことをするときに自分をカモフラージュしたがる男たちは、グレーのスーツを着るタイプの人間だ。彼らの落ち着いた色の服は主に、スマートに装うためでなく、見えなくなるためにある。ちょうど、特徴のない作業員姿で紛れこもうとする泥棒のように。ビジネススーツは査定や評価をする人間たちの制服だ。彼らはいたるところに存在し、誰にも意見を言わせないようにする。多くのオフィスワーカーは、金曜に普段よりカジュアルな格好をするのを嫌がる。スーツに隠れた無名の存在でいられなくなっては困るからだ。「カジュアル」な服だと、ずさんな本性をさらけ出してしまうおそれがあるのだ。

服は他人の注意をコントロールする手段である。だから服にお金をかけて、見られたい姿になる。しかし、多くの男性は、どう見られたいか考えていない。男の子が外見を褒められることはあまりない。自分は見る側の人間だと小さいうちに学ぶのだ。夜のパーティーに向かうカップルを目にすると、女性の方はカクテルドレスにハイヒールという装いで、レッドカーペットをトコトコ歩こうとしているかのようだ。男性の方はといえば、低熱でアイロンをかけた普段着のシャツを羽織り、二番手のジーンズをはき、ノージャケット。その男には、「通りで人が振り返ってこちらを見たら、服が変だということだ」というリージェンシー時代のファッションリーダー、洒落者ブランメルのセリフが歪んで聞こえているようだ。

服を買いに行くのは女性っぽいという、保守的な厳しい規範を、男性は若いときに身につける。服を買うこと、つまり服が表す新たな役柄を買うことは、男とは正統であり、自然のままに生きていて、自分を曲げないという、彼らが知らぬ間に抱いてしまっている考えに反するのである。男性よりも女性の方が何かを取り入れて振る舞うという誤解がある。「ウーマン」という語でさえ「マン」に「ウー」を加えてできている。男性にとって、女性のワードローブ（コーディネート、髪型、メイク、フリル、ハイヒール）は本質的ではないたいそうな追加要素だが、男性の服はといえば、自分の役目を果たすうえで必要不可欠なものである。オールドスクールの男性の服装には「クラシック」「ふさわしさ」「エッセンシャル」という特徴があるが、それは服というより、自分の役柄のために育てた毛皮である。うわついていないし、装飾的でもない。オールドスクールの男性は自分の役柄（ビジネスマン、職人、スポーツマン）の助けになる服以外はまず着ない。男性が着る服は初めから決まっていて、他にオプションはないようだ。多くの男性にとって、着ている服が素敵かどうかを鏡で確かめるのは、トランスヴェスタイトだとカミングアウトするようなものなのだと思う。このように、男性はそのままでいいが、女性は装いを考えなくてはならない。私はそう思い込んで育った。なぜそんな勘違いをしたのだろう。

服が男／女に与える役柄

幼い頃にデパートで叫び痙攣を起こしたことを覚えている。新しいコートを試着したくなかったのだ。服を試着するとき、自分の体という向き合いたくない付加物に意識が向いてしまうせいだ。子供の頃はあまり鏡を見なかった。男性性や自己嫌悪と関係あったかわからない。子供の頃に着ていた服のことは覚えていないが、私がこれまでに着たドレスをひとつひとつ絵にすることはできる。体が覚えているのだ。私は男子しかいないグラマースクールに通うことになり、女の子や女性は、電荷を帯びた「他者」だった。性。トランスヴェスタイトになりつつあった私にとって、女性性というその電荷は、とりわけ彼女たちの衣服に宿っていた。ドレスを着ることは光の服を着ることだった。それは肌に触れるとビリっとくる禁断の服だった。クリンプリン素材の服が大流行していた一九七〇年代前半のことなので、本当に静電気だった可能性はある。

女性の服にエロティックな魅力を感じながら、私にもオプションがあるのだと思うようになった。男性の服は自分にしっくりくるものではなく、男性でいるための衣装に過ぎなかった。私のなかの何かが男性の役柄を拒み、その役柄の衣装を嫌っていた。

トランスヴェスタイトになった理由を話すと、時々こう聞かれる。「ドレスを着るのは、男をやめて女性性を得る方法ですか？　グレイソンさん——リース・レクチャー〔有名な学者や作家が講義を行うＢＢＣのラジオ番組〕の講師にしてターナー賞と英国アカデミー賞の受賞者であるあなたは、確かに感性が鋭くて洗練されてますよね」私はこう答える——誰だって幼少期にセクシャリティに関する心理的な体系が決まるんだから、私が女装という一見子供っぽい戦略をとっていても驚くようなことじゃないでしょ、と。子供の無意識の領域はおそらく、意識の領域が連動しているのと同じ基本的なシンボルと連動している。優しい人といえばマミー、マミーといえば女性、女性といえばドレスを着る人。ちょうど、トイレのドアのシンボルがトイレを表すように。現代のイギリスでトランスヴェスタイトとして生きていて、学んだことがある。私がクレア〔グレイソン・ペリーが女装したときの名前〕として男女がいる場に行ったとしても、ドレスを着ているのは、なんと私だけなのだ。トランスヴェスタイトの集まりでこんなジョークを言い合ったものだ。あるトランスヴェスタイトがいつもズボンを履くようになると、（もともと男性なのに）男性を真剣に演じるようになり、そのうち性転換の計画を立てる、と。なにしろ、本物の女性はいつもスラックスを履いていて、私たちトランスヴェスタイト――女性の服を幻想として着ている者たち――だけがいつもスカートを履いているのだから。

子供の頃に着た男の子用の服で、覚えているのは制服だけだ。中等学校の制服は黒のブレザーとズボンだった。一年目と二年目は下襟に赤のモールが入ったブレザーを着なくてはいけなかった。鮮やかな赤のモールは二つの意味で屈辱だった。ひとつは、無垢な新入生のしるしであったこと。そのため年上の男の子のターゲットになった。もうひとつは、いくらか奇妙な縁取りだったせいで、桟橋にいるエンターテイナーを思わせたこと。何人かの一年生はモールをインクや泥で汚し、ずっと制服を着ていた二年生のような見かけになっていた。モール入りのブレザーがもたらす屈辱は、母親が教科書を入れる革のカバンを買ってくれたことでいっそうひどいものになった。そのカバンはあまりにも子供っぽかった。くるぶし丈の白い靴下とメリージェーン〔ストラップシューズの一種〕を与えられていた方がましだった。当時はビニール製の大きなスポーツバッグが流行した時代だ。自尊心の強い生徒は確実にアディダスかゴーラかプーマのバッグを持っていた。私は十四歳のとき年上の少年のスタイルを学んだ。襟の立て方、ネクタイの太さ、バギーパンツ、ウェッジソール。年上の男たちの気取って歩く姿を真似たことも覚えている。アメリカの小説家トム・ウルフはその歩き方を「ピンプ・ロール〔ピンプ（Pimp）はぽん引きの意〕」と呼んだ。私はどうすれば一人前の男として見られるか繰り返し考えた。

トランスヴェスタイトとしての私は、女性だと思われる術を必死に研究し、女性だと思われるようになり、そして女性だと思われなくなった。私たちはみな、選んだジェンダーの人間だと他人から——意識的あるいは無意識的に——みなされている。むしろ、性別や階級や人種や職業や国籍など、さまざまな点をもとに、他人からそうみなされている。男性たちは「男性省」という目に見えない権威に従って役柄を演じている。いつ観察されているかわからないので、私たちは繰り返し互いにチェックしている。私たちは役柄の範囲を守る。誰もがみな、権威の操り人形であり囚人だ。私は男性を見ると、男性を演じることに駆り立てられている気の毒な人だと思ってしまう。何かを恐れているのだろうか？　筋肉や知識やウィットを駆使して懸命に男を演じる理由は？　体の大きいジム通いモンスターが家族と一緒にうろうろしている。その男性は膨れ上がった体を持て余しているようだ。それを見せる相手がいるとすれば、自分と同じ男性に他ならない。男性は、男根崇拝の力を与えてくれるのは他の男だけと思っているのだ。男性は筋肉や大型車やシャープなスーツは女性を惹きつけると主張するかもしれないが、実際のところ、それらはライバルの男性へのアピールだ。男性の男性性を評価できるのは、その努力の成果を理解できる者、つまり他の男性である。また、同じ成果をあげた男性が好ましい。

ジェンダーはパフォーマティブであり、ほぼすべての人間は、支配的な二元システムの一員として見なされるために努力している——この考えは人を戸惑わせる。ジェンダーに応じたパフォーマンスに慣れすぎているせいで、「我々はジェンダーをパフォーマンスしている」ということに一部の人は納得しないだろう。「そういうものでしょ」と言うかもしれない。世の中が変化しているとはいえ、自分の容姿に関わる問題を些細なものだと考えている男性はまだ多い。古い男性にとって、パフォーマンスは芝居じみているし、芝居じみているから不自然だし、不自然だからゲイな感じがする。彼らからすると、自分たちは真の男性であり、本物だからパフォーマンスをする必要がない、言い換えれば、他の何かを覆い隠すような必要はないと思っている。その何かとはもちろん個性、人間性だ。ジェンダーをパフォーマンスとした場合、私たちは選ぶことができる、今とは違う自分になることができる、という考えが生まれる。私たちを幸せにし、世界をより良い場所にする変化を選べるのである。もし現在の状況を遠くから見てじっくり考えることができたなら、不本意にもこの状況に巻き込まれてしまった人々のことが、少し滑稽に思えるかもしれない。

ダークスーツ、迷彩ジャケット、
レザーライダースジャケット

一九八〇年代のニューヨークのLGBTカルチャーを描いた映画『パリ、夜は眠らない。』(監督：ジェニー・リビングストン)にこんなシーンがある。スタイリッシュな若いゲイたちがストレート男性の代表的な服装をして、「リアルさ」を競い合うのだ。その成功と失敗が浮き彫りにするのは、日々ヘテロセクシャルの男性がうまくやっているパフォーマンスだ。若いゲイたちは不自然に誇張してい《キャンプな》るせいで失敗する。ショーウィンドウのデザインを手がけるサイモン・ドゥーナンが見事に言い表しているように、キャンプとは「(実際は違うのに)あたかもそれっぽく振る舞う」ことである。

ある男性グループと話したとき、私を含め全員が同意したのは、男らしさにヘッドラインをつけるなら「女々しいのはダメ」（社会学者のブラノンとデイビッド〔『The Forty-nine Percent Majority: The Male Sex Role』の共著者〕の言葉）となるという点である。つまり弱さの否定である。ここから男性が女性に向ける愛情と恐れの複雑さと深さがわかる。男らしさについて語るときにあえて避けている話題は、同性愛恐怖症《ホモフォビア》ではなく、ゲイに見えることへの恐怖かもしれない。この恐怖は、さながら男性性のテリトリーを囲う、牧場にある電気柵である。これはいささか皮肉である。男性省が長きにわたり続けてきた「古き男性プロパガンダキャンペーン」は、「村人コスプレパーティー」にそっくりだからである。

私の記憶では、一九七〇年代と八〇年代にゲイの男性は、その当時まで確固としてヘテロ男性的だった美意識（建設労働者、スキンヘッド、バイク乗り）を自分のものにした。そして現在、美意識の範囲が変わってきている。今ではキザな花柄シャツ（昔ヒッピーの定番だった）からは、うるさい声を連想してしまう。コメディアンがガサツさを隠すためにいくらか女性化したカモフラージュとして着ているせいだ。他には、パーカーを着た十代がブランドものの大きくて重い男性用バッグを持つようにもなった。キザ野郎と本物のダンディとの境界は少しずつシフトするのである。

メンズのオートクチュールのファッションショーを見ていると、来シーズンは全員がふく

リアルマン　フィギュアセット　100%本物

REAL 100%
NO WAY ARE THEY GAY!
移民が増えて大忙しさ
山にいるとおいしいラテが買えないんだ
通勤途中にカテゴリー４級の峠を通るよ
ON THE RIVET
平均野郎
アウトドア野郎
フィットネス野郎

らはぎまである花柄のキュロットと特大の銀箔パーカーの下にド派手なベストを着るのではないかと思ってしまう。だが大通りに行けば、前のシーズンとは少ししか違わないアイテムが売られている。多少は新しいトレンドを取り入れ、「大胆な」カラーだったり、襟の幅やズボンの脚の幅が変わっているかもしれないが。テレビ番組『ドラゴンズ・デン』のピーター・ジョーンズは、明るい色の縞の靴下を履いていたせいで「エキセントリック」と言われていた。男性は服を意識するようになってきているが、古き良き男性性のテリトリーから出て行こうとはしない。男性省が認めていない服を着るのは、電気柵にぶつかることと等しいのだ。

男性ファッションの不変のヘッドラインに「カラーが帰ってきた！」というものがある。強烈な色が好きな私は、メンズのショップで明るいグリーンのズボン、エレクトリックブルーのトレーナー、鮮やかなピンクのTシャツを買うとたまらなく嬉しくなる。しかし店のラックはたいてい黒、グレー、ネイビー、カーキばかりである。明るい色は目立ちすぎる。世界のリーダーの写真を見ると、色と模様は時代遅れで女性的だとばかりに、揃いも揃ってダークスーツだ。この状況は、カラフルな伝統的衣装を着る人々にとっては、視覚的に責められているように感じるかもしれない。

学童のクレヨンの使い方を調査したところ、予想通りの結果が出た。女の子は均等にほとんどの色を使っていたが、それでも赤とピンクに偏りがあった。一方、男の子は全体的に黒、青、茶色、グレーなどのクールな色を好んだ。こうした好みは遺伝子に関係していると言う人がいる。色の知覚に関する遺伝子はX染色体上にあるので、男性は女性より色覚異常になりやすいというのだ。これは人類の進化から来ているかもしれない。つまり男性は狩りに出かけ、獲物などの動きを見る必要があったのに対し、女性は集まってさまざまな色の実や植物を見つける必要があった、と。これはナンセンスかもしれないが。

私は十八歳のとき、軍隊仕様の迷彩のコンバットジャケットを着ていて、それに合わせてスキンヘッドにした。すごい頭になって家に帰ると、頭にシラミが湧いた人みたいだと母親に言われた。なかなかよかった。私はこの男臭い軍服を着ることで、派手なフリルやヒールやメイクを求める自分の反男性的なセクシャリティに対抗したのだと思う。あるいは私は、軍服に個人のアイデンティティよりも公的な役割を感じたから、惹きつけられたのかもしれない。軍服を着れば個人の身体から離れられる。私は十代の身体から離れたかったのだ。

迷彩ジャケットの次は、ドンキージャケット（レザーの肩パッチ付きのドンキージャケット）を着て十八ホールのドクター・マーチンを履いた。七〇年代に流行ったその甲冑で傷つきやすい自分を守っていた。初めてバイクを買ったとき、母親がお古の羊革のジャケットをくれた。私はボタンとボタンホールを交換しようとしてダメにしてしまったのだが、交換しようとしたのは女性用のジャケットを着ているところを誰かに見られていやしないかと妄想したせいだ。結局、男性の必須アイテムである黒のレザーライダースジャケットを買った。セックス・ピストルズのシド・ヴィシャスはレザージャケットを着たまま埋められるのを望み、私は美術大学の最初の二年間は毎日着ていた。

マッチョなアイコンのレザージャケット。第二次世界大戦後、元アメリカ空軍の男たちは戦闘機のスリルを思い出そうとオートバイに乗り、レザージャケットは危険と反抗の服として着られてきた。今では「ロックなユース」の無精のシンボルとして、あるいは中年の建設業者の「スマート・カジュアル」として流行っている。ワルの雰囲気を醸し出し、曲がりくねった裏道を駆け抜けるスリルを感じさせるアイテムだ。

本物の男（らしさ）への憧れ

ユニフォームを着る男性は、同じユニフォームを着るすべて男性から少しずつ力を与えられる。私が初めてレザージャケットを着た頃、バイカーの評判は悪かった。その頃はまだパブの外に「レジャージャケットお断り」という注意書きがあった。バイカーは面倒なのだ。エセックスでは「コッゲスホール・バスタード」という伝説のバイク集団がいた。合成樹脂のコートとウェリントンブーツという格好だったので、彼らにとってレザージャケットは確かに体を保護するが、軟弱でスタイリッシュすぎて変なのだ、と年頃の私には思われた。私はレザージャケットを着てバイクのエンジンをかけると反社会的な存在になれた。不滅の若さを保っていた当時、スピードカメラの前で若気の至りをしたりもした。

若者のこうしたカルト的ユニフォームは、子供の頃に着ていたファイアーマン・サムやスパイダーマンの格好の延長なのだろう。男性にはそれから離れなくてはいけない時期が来る。私はレザージャケットを一九七八年に買ったもの以外に六着以上持っているが、バイクに乗らないときには着ないので、この大好きなアイコンはとても傷んでしまったと思う。私は男性省の新しい法案を起草している——男性はバイクに乗る場合を除き、三十歳以上はレザーバイカージャケットを着用してはいけない。私はバイカージャケットの現状に対してイラついているが、これは男性の服の扱い方に対する反応である。男性は自分に間違いなくステータスがあると思うのが好きなのだ。レザーを着るなら高速走行の危険を考えてほしいし、ビンテージのレコードを買いに行くために着るのはどうかと思う。

しかしもちろん、マッチョなバイカー仲間には、バイクだけに乗る人と、自転車にも乗る人がいる。私はエセックスのエッピングフォレストにあるティー・ハットで、バイカーのグループとつるんでいた。ある男が前の晩にアメリカ的ウエスタンバーに行った話をした。そこでは時々、ブーツを履きカウボーイハットを被った役者がステージ上で銃撃戦の芝居をしているという。「バカバカしい」と彼は言った。「いい歳した大人が走り回ってカウボーイの真似をしてるんだよ」彼は皮肉を込めることなくそう言った。彼自身、フサと飾りボタンのレザージャケットを着て、首にバンダナを巻き、ピカピカのハーレーダビッドソンの隣に立って、である。私たちはくすくす笑った。真のバイカーとは見た目ではなく、バイクの輝きで決まるのだが、乗りこなしの方はどうだろう？　様になるようにコスチュームとディテールに力を注ぐことは、危険やリスクと向き合うときにバイカーとして重要な男性的なパフォーマンスへの自信のなさを匂わせる。バイカーの集まりでは、自分や他人のバイクのタイヤを身をかがめて点検している姿がよく見られる。そうやってタイヤのエッジ付近の摩耗を調べているのだ。角度をつけてコーナーを攻めたかわかるのである。真のバイカーは少しおかしいのだ。

『パリ、夜は眠らない。』の登場人物たちが理解しているとおり、ヘテロセクシャルの男性性には「本物らしさ」が最も重要だ。本物らしさ、正統性、純粋さ、正当性――これらはどれも、男性性こそが他のすべてのアイデンティティを評価したり重要視したりする際の基準であるという、男性の感覚を表している。つまり、女性であれホモセクシャルであれ、他のアイデンティティは本物ではなく、正統でもなく、正当でもないことを暗に意味している。

しかし、本物らしくあるためには、行動も重要なことをみんなは忘れている。

しばしば「本物の男」への憧れは、「本物のワーキングクラスの男」への憧れである。一生働き泣き言を言わず、趣味の良い服を着て、汚れ、いつの間にか消えていく男。そんな男の格好をしたいと思うのは不思議ではない。カウボーイハット、褐色のワークブーツ、ドクター・マーチン、ドンキージャケット、分厚い手袋、そしてもちろんジーンズ。ブルージーンズは労働者の最もよく目にするシンボルである。私はデニムに抵抗がある。ジェレミー・クラークソン〔ジャーナリスト、テレビ番組司会者〕や大勢の老いた「反逆者」のイメージが、ジーンズという名の遺産から消えるにはもうしばらくかかるだろう。

ジーンズを過酷な労働者のこだまだとするなら、ロゴTシャツは社会集団のステータスをもっとあからさまに宣言しているものになる。お気に入りのバイクメーカー、参加したマラソン、挑戦したサーフィン大会、応援したスポーツチーム。まるでメダルをずらっと並べたようだ。昔、そういうのが好きな男がトライアンフ・スタッグ〔イギリスのスポーツカー〕に乗っていて、センスの悪さにうんざりした。

こうしたステータスのサインは他に、車、道具箱、ロッカー、ノートパソコンに貼ったステッカーなどもある。サービス産業の働きバチは、男らしさを仕事で満たせないと、余暇を追求することで男らしさを示そうとするのかもしれない。男性はハンドメイドのサーフボー

Men is back!

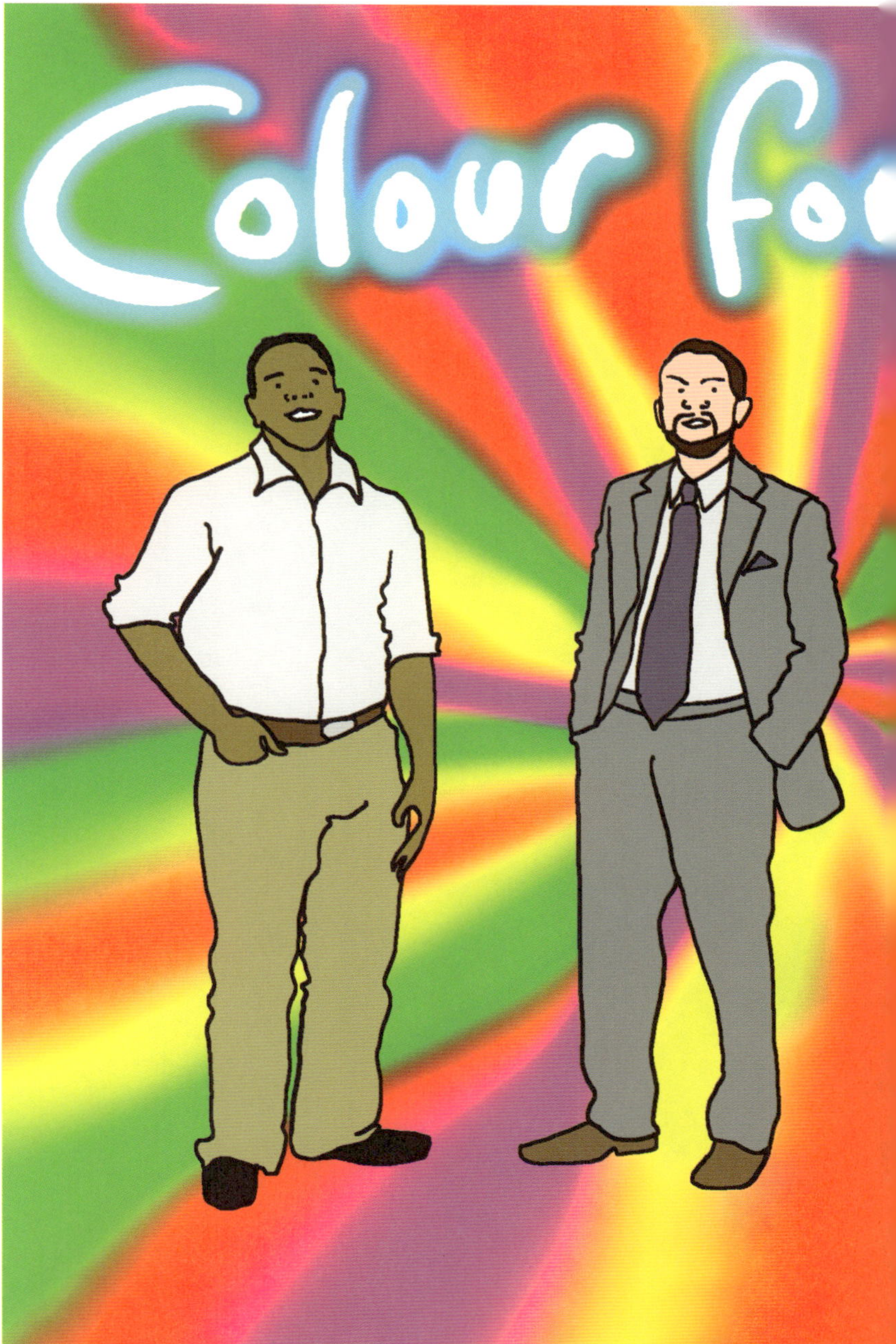

カラーが帰ってきた！

ドや、カーボン製の自転車や、合金ホイールや、ステレオや、釣り竿や、ゴルフクラブなどに熱心に大金を費やす。こういったおもちゃはたいてい家の中で目につくようにしまって（展示されて）いて、訪問客にこう告げる。この家の主はただの事務員ではなく、イカレタ一匹狼の冒険野郎なんだ、と。その男が聖なるボードやクラブやバイクやロッドに目をやったり触れたりすると、彼がしてきた危険な冒険のすべてが融合して、彼の無意識からぼんやりと立ち現れてくるのである。保険会社で働いているあいだも、彼の武勇伝を脚本にした作品で彼は主演を演じている。彼はもちろん、男性省が発行した「男性ライセンス」を持っている。

現代の都会的な男性は、アウトドア派の古い男性性から抜け出しながらも、昔の男らしさが漂う服をよく着ている。肩章や、紋章や、見せかけのファスナーとバックルが暗示しているのは、ラテを飲むことでもトップマン〔イギリスのカジュアルブランド〕へ買い物に行くことでもなく、他の集団との戦いである。デザイナーのラルフ・ローレンは「私は服をデザインするのではなく、夢をデザインしている」と言った。ベスト、バッグ、ズボンにある複数のポケットは、コンパス、ペンチ、弾薬など、男らしい装備が急に必要になる事態を表している。まるで金曜日の夜のショーディッチ・ハイストリート〔ロンドンの若者に人気のエリアにある通り〕ではなくアフガニスタンで巡回している兵士のように。男性もまた女性と同じように派手な服を好むが、それを見せかけの機能の下に隠してしまう。彼らは、生活に必要なものを買うのと同じくらい、性役割を強化する不要なものにも金を費やしている。ほとんどすべての男性の衣服は、着ると性役割が誇張されるようになっている。余計なボタン穴、ポケット、パッチには本来あるべき機能がなく、レースのフリルのように装飾的なものである。

本物のアウトドア派の男性でさえ、しばしば外見を盛る。つい先日、羊農をしている知人のリチャードにばったり会った。彼はワックスをかけたコットンのジャケットを着ていたが、あまりにぼろぼろだったので、羊飼いのローブにしかならなそうだ。新しい上着を買う余裕があるのは知っていたが、彼は風雨に打たれた農夫（いくらか洒落てはいるが）の魅力に固執していた。ミドルクラスの農夫であるリチャードは、同じ場所で同じ仕事を続けてきたことをほのめかすのが好きなのだ。しかし厳しい肉体労働をしていても、リチャードの裸の上半身を目にすることはないだろう。

人類学者のケイト・フォックスは『イングリッシュネス』という先駆的な著書で、男性の階層を最も明確に示すのは、いかなるときでも肌の露出量だと述べている。アッパーミドルクラスの男性は、スポーツをしているときを除けば半ズボンの姿で人前に現れないし、ビーチやプールでなければ絶対にシャツを脱ぐこともない。私の（ミドルクラスの）妻は、私が胸をはだけるよりも、ズボンを履かずにキッチンにいてほしいと言った。ミドルクラスの男性は、シャツを肘より上にまくることさえしないだろう。肌を晒すことには何か特別な意味

ターボ3000

特殊航空部隊使用モデル

があるのだ。学習能力や知性を重く見るミドルクラスは、男性の裸の胴体を見ると顔をしかめる。手作業の重労働を連想するからかもしれない。ひけらかされた肉体や、入れ墨や、ビール腹に、混沌としたグロテスクなものを見ているのかもしれない。それはミドルクラスの整った体とは正反対である。

私は前の章で「デフォルトマン」に何度も言及した。社会の力のある部門で支配的な白人ミドルクラスの代表である。そして今度は「オールドスクールマン」を紹介したい。ここでは昔ながらの男性性に疑問をもたず、社会の変化に適応していない男性を表す言葉として用いる。肉体労働の仕事が減り、インターネットの視覚文化が普及したせいで、男性の筋肉質な肉体は装飾品になりつつある。オールドスクールマンは、自己満足するタイプであり、苦労せずに仕事で男らしさを満たすことができた。しかし現在、多くの男性はパソコンの画面ばかりを見ている消費者である。男性性を金で買っているのだ。フェミニストのスーザン・ファルディによると、企業資本主義は、男性が男らしく振る舞っていた社会や職場を空洞化させた。そういった場所はもはや彼らの共同体で機能していない。男性は、集団的で男性的な労働文化に参加する代わりに、サッカーを通してその代替物にしがみつくか、男性的なイメージを投影するだけの個に成り下がっている。サンダーランドにあるジムのオーナーとの会話が印象に残っている。造船所と労働者クラブの役割を今ではジムが担っていると言う。男性たちは汗をかき社交のためにそこへいく。鉄をつくる代わりに鉄を持ち上げているのである。

筋肉の美学から解放され、自分に合った服を着よう

男らしい外見への志向は、古い男性の役割が不要になっている現状への反応である。それはワーキングクラスの男性性がよく表れている例だと思う。眩しい筋肉、タトゥー、ラウドミュージック、爆音で走る車。これらはどれも、重工業産業が崩壊し、状況が悪くなっているのがはっきりしてもなお、「本物の男」だというメッセージを発信したがっている気持ちの表れである。こういう男性たちはディテールに強いこだわりがある。例えば髪やひげをきっちり整え、コンピュータゲームのキャラクターのようになるまで体にワックスを塗るのだ。炭鉱労働者の妻が玄関を執拗に磨くのと同じように、みすぼらしさを隠しているのである。

一九七〇年代、十代の私は女性の服装に夢中になっていたかもしれないが、男性の体の美にはほとんど注意を払わなかった。友人と体のかっこよさについて語った記憶がないので、私が特に変なわけではないと思う。現代の少年は、肥満が増加したり、インターネッ

トが絶え間なく視覚を刺激するせいで、体のことを気にしないわけにはいかなくなっている。とはいえ、理想的な体型になりたいと、より多くの男性が思っているという事実は、男性性の変化が伺えるので良いことである。だがマイナス面もある。若い男性は今、女性を食欲不振や過食症にするのと同じ圧力にさらされている。現在男性が理想としている体は、かつてはボディビルダーやプロのアスリートにしか見られないものだった。そして、男性に販売されている男性性の視覚モデルは、ずっと女性が売り込まれてきたものと同様、達成不可能なものである。この彫刻的な筋肉美学のひとつの側面は、評価しやすいことである。腹筋が「シックスパック」かどうか、上腕二頭筋が太いか太くないか。私が十代の頃は、バギーパンツの幅やウエストのボタンの数がこれに相当した。その後、ドクター・マーチンの靴紐の穴の数や、スキンヘッドのミリ数になった。少年はこういう数が好きなのだ。ボヘミアンなルックをつくるのに、複雑でクリエイティブな判断力はいらなかった。「数」が良ければ、似合っていなくても構わなかったのである。

脂肪を削ぎ落とした肉体が求められるのは、脂肪が女性的で官能的であるうえに、自己管理ができていないことを示しているからかもしれない。引き締まった体は、人物と外界の境を明確にする。体を鍛えることで、この境界はいっそうくっきりするし、古代の若者の石像や、フォトショップで加工した広告用の「完璧さ」を感じさせる。筋肉生産工場であるジムが普及した理由には、理想の体（自然にできたのではない体）をつくりたい、マーケット化された視覚的なステレオタイプになりたいという欲望も挙げられそうだ。

筋肉は見せものにすぎないとしても、筋肉を鍛えるには相当なトレーニングと考え抜かれた食事が欠かせない。その苦労と無関係な人もいる。現代では美容整形は普通だ。女性が豊胸手術をしてもあまり驚かれない。そして今や、女性が理想の体を手に入れるのに味わったのと同じ消費者圧力を、男性も感じはじめているのである。一部の男たちはトレーニングをせずにモリモリの筋肉を得ようとしている。極端な例では、このようなハリのある外見を美容整形で手に入れようとしている。人工の胸筋に金を払い、腹部にシックスパックを刻みつけることで、本来はありえないほど必要なウェイトリフティングと、ささやかな脱水症状をなしで済ませているのである。

過剰な男性性は、力のない男性が取り入れようとすることが多いようだ。極太の上腕二頭筋や分厚い胸筋をつくるのに必要な動きを、ワーキングクラスの仕事である土木工事のパントマイムとみなすこともできる。男性が体をケアするのは良いことだが、必要ないほど求めてしまう筋肉は、男性の服の装飾的な機能と通じるものがある。今日のサービス産業の労働者にとって、ベンチプレスで百五十キロのウェイトを持ち上げる筋力はまず必要ない。男性たちは男性の美しさには見た目以外にも意味があるという幻想に固執しているのである。

美や嗜好に関するあらゆる問題と同様に、体のイメージは、社会階級にも関係がある。過剰な筋肉はあらゆる過剰がそうであるように下品に思われやすい。本物の筋肉隆々の男性的な体格は、がんばりすぎていると思う。洗練された人はもっと繊細なものを求める。最近のハイエンドファッションの広告では、ウィリー・カルティエやクリスチャン・ブリーユのように非常に可愛らしさがあり中性的な男性モデルが起用されている。お上品な学校の六年生は細く見えるようにダイエットをする。モリモリの筋肉はセンスが悪いのである。

今やどこにでもいるヒップスターの男性は、店で買えてジムでつくられるこうした男らしさへの反動として考えられる（それを自認する人にまだ会ったことはないが）。そういう男性は、本物らしさ、あごひげ、自転車に忠誠を誓い、オールドスクール、素朴、手作業を大事にしている。昔からあるローカルでハンドメイドの物が好きだし、自然に詳しい。私はひげが流行したり、特にそれが無邪気さや純真さ、田舎の自給自足の生活や、クリエイティビティにつなげられるのをずっと疑問に思っていた。ひげは、バブアーのジャケットや、シェトランドウール製のセーターや、ランドローバーのディフェンダーでイーストロンドンを走ることと並んで、手軽にできることのシンボルにすぎない。

マーケティングの猛烈なインパクトに対する反応として始まったものが、今では世界中でモノを売るためのストックイメージになっている。ひげを生やした男性はかつては呪われた人間とみなされていたこともあるが、今では携帯電話であれ住宅ローンであれどのコマーシャルにも登場する。自転車は比較的買いやすくて一味違ったファッショナブルなアイテムのシンボルとなっており、カフェやショップのウィンドウにかけられて、ヒップスターやエコへのささやかな忠誠心を示している。しかし、ひげやオタク仕様の他に、もっと大きな変化が起きているかもしれない。デジタルネイティブやミレニアル世代は、ジェンダーに流動性が備わっても落ち着いているようだ。ここ一、二年のあいだに、「トランス」の受け止め方が目覚ましく変化した。若い男性、特に高学歴で都会に住む男性は、ゲイだと思われることに昔に比べて抵抗がないようだ。もしかしたら、男性省は支配力を失くしたのかもしれない。売上が好調だったハイストリートのチェーンが突然倒産したように、男性省もいつかは誰にも商品を買ってもらえなくなってしまう日が来るかもしれない。多くの店舗の状況と同じように、男性省の独占はインターネットによって破壊されているのかもしれない。若い男性たちは自分に合った新しい役割のビジョンを求めてさまざまな場所で買い物をしている。将来、若い男性がコートを買うくらい簡単に男性性を複数取り入れられるようになればいいと思う。

私たちの服は、自分はこのように接してほしいということを伝達する視覚言語の一部であり、私たちが投資するのは、私たちが望む関係をもたらしてくれる服である。私は普通に女性の服を着ているので、こういった考えは私にとっては自明である。中年の男性であるにもかかわらず、小さな女の子に似合うフリル付きの服を着ると、私に対する人々の見方や扱い方に変化がある。特に、私が有名なアーティストになる前から優しい言葉をかけてくれたり、よくしてくれたり、ちやほやしてくれた女性たちの態度が変わる。女の子の衣装には物語があり、彼女たちは無意識に引き込まれてしまうのだ。彼女たちは私がスーツを着ていたら絶対しないやり方で、私を撫でたり、服を引っ張ったり、化粧をしてくれる。

役者たちは――役の準備をしているときは――衣装の大切さを口にする。ひとたび役柄に入り込めば、演技に没頭できるようになる。というわけで、ジェンダーをめぐる大きな議論では、服は変化の重要な推進力のひとつかもしれない。あらゆるアイデンティティは自分と他人とによってつくられる。権力者として見られたい場合、その役の服を着れば、人々は無意識に、あるいは別の方法で、あなたを権力者として扱いはじめるだろう。男性のあり方を変えたいのなら、彼らの衣装を変えて、演技に変化をもたらそう。

3

ノスタルジックマン

ノスタルジックマン　フィギュアセット

イギリス人女性の四十五パーセントは、ドメスティックバイオレンスか、性的暴行か、ストーカーの被害にあっている。ドメスティックバイオレンスの被害者の七十パーセントは傷害を負っている（これに比べて、知人による暴力事件では五十パーセント、不審者による暴力事件では四十八パーセント、強盗では二十九パーセントの被害者が傷害を負っている）。被害者とケアサービスと国は、ドメスティックバイオレンスに対して一年間におよそ二百三十億ポンドを費やしている。

世界的に行われた複数の調査によると、殺人事件の女性被害者の半数は、当時あるいは昔の夫やパートナーに殺害されている。

ジェンダーはパフォーマンスかもしれないが、ごっこ遊びではない。多くの男性にとって、男性であること自体が重大事をもたらす振る舞いと結びついている。基本的には、男性性は、多数を占めるために必要であり、それを主張する最も古いやり方が力である。男性は本質的に暴力を振るうものらしい。しかし、肉体的に強くなることと、他人に害を加えるためにその強さを用いることは別である。男性は筋肉を増し、リスクを取れるように進化したかもしれないが、男性による危害のほとんどは、しつけのせいだと私は思う。男の子は怒りと暴力のみを表現しがちだ。幼児のかんしゃくは可愛いくて、「強い個性」のしるしである。小さな男の子が力を使ったとしても、その子はどこまでも「ただの男の子」なのである。男の子がいじめられていたら、父親はこう言うかもしれない。「立ち上がってやり返せ」。男性が激しく攻撃することはいまだに当然とされているが、相手に深刻なトラウマを与えかねない。これら二つは関連がある。家庭内暴力を受けて育った男性は、そうでない男性に比べて、暴力的で虐待を行う人間になる確率が三倍から四倍高い。暴力は暴力を生むのである。

もっと恐ろしい性の不均衡を挙げてみる。暴力犯罪の九十パーセントは男性によるものだ。この統計だけでも、政府はジェンダーを政策の中心に置いてもいいと思うが、そういう話は耳に入ってこない。イギリスの財務省では、毎年数百億ポンドもの予算を男性犯罪に充てている。女性納税者がこれに税金を払うのをやめたとしたらどうなるだろう。政府はいわゆる「タンポン税」を廃止して、男性に暴力事件の損害を請求してもいいだろう。それで男性が経済的な打撃を受けたら、男性はジェンダーの問題をもっと真剣に考えるようになるかもしれない。

何が暴力を生むのか

若い頃、私は怒りをぶちまけるタイプだった。ワールドクラスの暴走野郎だった。バイクに乗っている私の体を切り裂いたら、悲鳴をあげ、車を蹴り、悪夢を口から吐き出したことだろう。バジル・フォルティ〔イギリスのシットコム『フォルティ・タワーズ』の登場人物〕のように、エンジンがかからなかったバイクを蹴り倒して、飛び乗って跳ねたりしたことがある。コールセンターからの電話に頭にきて、受話器を壁に投げつけたこともある。シャワーが急に熱くなったとき、腹が立って強化プラスチック製のバスタブに穴を開けたことがある。人を殴ったことはないが、怖がらせたことはあったかもしれない。道路にいるとき他の利用者に今でも腹を立てるが、激昂することはめったにない。イライラをやり過ごしてから怒りの芽を摘み取り、落ち着いて対処することを学んだのである。怒りは人を消耗させるし有害だ。血に混ざって一日を汚染する。今では怒りを作品に転換させているし、コールセンターに関わらないようにしている。怒りは無力感の反動から生まれる。私の怒りは二十代に爆発した。私は貧しく、人生は不公平に見えたし、しばらく心を殺して生きていた。

私は乱暴な男と一緒に育った。五歳くらいのときに継父が越してきたのだ。彼はカッとなるタイプだった。腕力があり、趣味はレスリング。怒ると怒鳴り散らした。家具を投げ、ドアを激しくバンと閉め、ドアの取っ手を捻じ曲げた。私たちを抱え上げて放り投げた。

継父は乱暴な男たちのなかで育った。継父の祖父は、妻（継父の祖母）をひどく殴ったことを恥じて自殺した。継父の父親も何度も殴られた。だから継父は、乱暴な男とはどういうものなのかわかっていた。

私は何十年もそういう暴力を体のなかに宿していた。夜一人で街を歩いていて、手を出されたときには、いつか観た映画を思い浮かべながら、相手とやりあった。私は負けず嫌いだった。玄関のベルが突然鳴ると、継父が襲ってくるのではないかと今でもよく不安になる。それでも私は五十六歳で、落ち着きを手に入れ、自分の弱さを進んで認めるようになった。私が路上で怒ったときに大きなスパナを持った大男に反撃されたこともあったし、私の爆発的な怒りを鎮めるために、心理療法にもすごい時間を費やした。私たちは心の奥の怒りに対して二つのことができる。次の世代に渡すか、押しとどめるか。私は怒りを自分の子供に渡したくなかったので、両親に怒りを向けた。もちろん両親の顔に向けてではない。セラピストと一緒に怒ったのだ。私は泣き崩れるまで怒った。私はまだ腹を立てているが、亡霊を相手にはしない。

おそらく、怒りや暴力をなくすことができたのは芸術の力のおかげだ。元ケストラー財団最高責任者のティム・ロバートソンは、受刑者にものをつくったり書いたりすることを勧めた。芸術は男性が男らしさの固定観念や思い込みをなくすのに役立つと彼は言う。私はケストラー財団と仕事をし、囚人たちの芸術作品をたくさん見てきた。財団の本部を歩き回って、男性犯罪者が描いた大量の絵や彫刻を見ることで、彼らの集団的無意識や、風景に見られる均衡性や野生動物の自由さに対する純粋な憧れや、人生の不公平に対する怒りの表現に触れた。私はとても運がよかった。芸術のおかげで、家族の歴史という戦場や男性の規範、つまり暴力と卑劣な感情をもたらす悪魔の醸造地から抜け出せたのだ。私はアートスクールに通った。疎外された魂の居場所である。

私の母親は継父以上に気性が激しかったので、暴力を振るってもおかしくなかったが、総じて暴力は男性のものだった。イングランドとウェールズでは、平均して週に二人の女性が暴力的なパートナーまたは元パートナーに殺害されている。これは、女性の殺人被害者全体のおよそ四十パーセントに相当する。

暴力は若者がギャングから学ぶものではないし、まして学校で覚えるものでもない。深いレベルでは自分の家で知るのだ。政府は、犯罪や、サッカーのフーリガンや、酒が生み出す暴力によって、住宅地が汚されることに頭を抱えていた。政府は暴飲対策をしたり、元ギャングが安全な家に住む資金を出したりしたが、そのあいだも少年たちは暴力が問題を片付ける方法になること学んでいる。子供の頃に叩かれたり、威圧されたり、屈辱を受けたりするたび、父親が重苦しい圧力をかけてきたり、力で欲しいものを手に入れるという考えに触れるたび、彼らは暴力的になる術を学んでいる。若者は加害者になるだけではない。その倍の確率で被害者になるのだ。不審者による傷害事件のうち、被害者の八十パーセントが若者である。暴力について考えることは、男性、特に若い男性が、現在の男らしさの規範から抜け出す最高の手段だ。

刑務所の収容者の九十五パーセントは男性である。彼らが犯罪全体（暴力的であれ非暴力的であれ）の約七十五パーセントを行っている。男性ならではの期待（強くあれ、与えろ）にどうにもいかなくなっている男性は、こうした男性の役割を全うしようとしても、その機会を奪われてしまった場合、犯罪に手を染めてしまうことがある。父親が不在の混沌とした家庭で育ち、学校で苦労し、資格も仕事も得られないと大人になる段階で気がついた少年は、やり場のない男性的なエネルギーに囚われてしまうケースが多い。多くの男性、特に権力にアクセスできない人々にとって、屈辱から逃れることはとても難しい。プライド、尊敬、自己肯定感が得られるルート（例えばスポーツの才能、高学歴、高収入の仕事、コミュニティで敬意を受ける役職など）に進めない若者の多くは、代わりとなるものを提供する状況に本能的に惹きつけられてしまうようだ。

犯罪のニュースでは、経済や、社会の不均衡や、宗教の過激主義が犯罪の原因だと必ず言われる。主な原因はまず語られない。日常茶飯事だからだ。犯人は男。若者の犯罪者たちを支援する「マン・アップ」などの慈善団体は、こんな報告をしている。「男らしさは、個人の発展と成長を妨げ、負の結果をもたらす可能性があります」。「マン・アップ」は、暴力につながりかねない男性に対する固定観念や不安に、犯罪者が抵抗できるようにサポートしている。ペントンヴィル刑務所の刑務官がこんなことを報告した。「ある囚人は収容直後、『マスクが外れた』と言った。（中略）マスクをつけて自分を守っていなくてはいけなかったが、ここではそのマスクを外し、本当の自分になることができたという」

戦争は終わっているのに

今日の多くの若い男性にとって、男性でいることは、終戦しているのを知らずに戦い続け、ジャングルから姿を現した日本兵になるようなものである。もはや必要ない存在になっているのだ。私たちは、日本がこのような兵士にとった方法に倣って、若者を扱うべきかもしれない。小野田寛郎は、第二次大戦後に二十九年間フィリピンのジャングルに隠れていたが、一九七四年にようやく降伏した。それまでに、無関係な市民を殺害したせいで自分を激しく責めたりしたが、帰国後は英雄扱いされた。彼は自分の義務を果たしただけなのだから、それ以上恥をかかせるのは残酷だ。それと同じようにして、私たちは極端な男性性を発揮している若い男性たちに戦争が終わったことを伝え、現代社会に適応できるようにサポートすべきかもしれない。

私がそうだったように、若い男性のなかには、漫画が描く男らしさを盲信し、キャラクターを戦士と崇める者がいる。私はジェームズ・ボンドの小説や、マンフレート・フォン・リヒトホーフェン、ダグラス・ベーダー、スタンフォード・タック、ガイ・ギブソン、チャック・イェーガーといった一流のパイロットの伝記を読みあさった。私の頭のなかには、乱暴で勇敢な戦争の英雄のテンプレートが存在していた。戦争映画と「正義のための」第二次大戦の輝かしさが生んだものだ。私は銃や戦車、飛行機が大好きだった。私は十六歳のとき、サンドハースト陸軍士官学校で候補生として面接を受けていた。私の心のなかの戦争は、まだはっきりと善と悪に分かれていた。私は思春期だったが、まだポルノにもだえたりしていなかった。兵士であることは、屋外で魅力的なコスチュームを着て遠くに動く標的を狙うことであり、敵が仕掛けた爆弾が市場で爆発するような世界ではなかった。その頃の私は、当然のように陸軍に進むつもりでいた。自分は戦場に住んでいたわけだし、常に恐怖に苛まれていたからだ。私は暴発する親の衝撃波に二十四時間備えていたのである。これが私の「日常」であり、機能不全家族で小さな残虐行為が行われていたのである。やがて私はアートの才能を見出され、ガールフレンドがファンタジーの戦場から私を連れ出し、士官学校に通えないほど遠い家に引っ越した。環境によって人生が違った方向に進み出したのである。

戦争と親の暴力に関係がないわけではない。暴力とは問題を解決する方法だと思い込んで育った人間は、不幸なことに、暴力という名の解決策を多くの人に伝えるキャリアを選びうる。心理学者のアリス・ミラーはこの考えを推し進め、一九三〇年代のドイツで、ヒトラーとナチスの残虐行為に人々が寛容だったのは、人々の育った環境が原因だと考えた。体罰や父親への盲目的服従を経験した有権者にとって、非情で独裁的なナチが奇妙なほど身近に思えたのは不思議ではない。

戦争は古い男性性にぴったり合う。戦争への衝動は、多くの人々にとって魅力がある。多くの男性にとって、戦争は正しいことなので、疑問をもつことはまずない。軍服を着た軍人、地図、武器、リスク、使命感、正義感。かの男らしさを使うときがついにきたというわけだ。引き出しの中の工具や、ガレージにあるスポーツカーと同じように、本来の目的のために使うときがきたのだ。さあ、いくぞ。男性性とは、追いかけ、戦い、ファックすることだ。それ以外のことには向いていなかったが、「文明化」されることで存在し続けた。法律、騎士の掟、エチケット、マナーはすべて、人間の素朴な欲求を抑制するために進化してきた。三万年の歴史を遡らなくても、先史時代の男性性の片鱗は今でも垣間見ることができるのだ。

チャンネル4のテレビ番組『オール・マン』の撮影で、ランカシャー州の町スケルマーズデールの少年たちと話していても、そのような男性性が感じられた。私は「自分の世代は出世して男らしさを証明する機会を奪われている」という男性の声をよく聞く。我らがヨーロッパのベビーブーマーは、かつてない平和な時代を生きてきたのである。父親や祖父は一見正しそうな争いに巻き込まれた。そのスケルマーズデールの少年たちだって、心の声に従って、男らしさを証明しようと戦争に行ったとしてもおかしくないのだ。

スケルマーズデールの若者たち

私たちがスケルマーズデールを選んだのは、ランカシャー警察が便宜を図ってくれたからだが、町のいたるところで犯罪の匂いがした。そこは地元の人にスケムと呼ばれ、リヴァプールのすぐ北に位置する一九七〇年代にできた新しい町だ。戦後にできた多くの町と同じく、ろくでもないユートピア思想によって（間違いなく男性によって）考案された。自動車による問題を防ぐために、町には歩行者専用道路が張り巡らされ、低層住宅のあいだには路地がある。デザイナーは「イタリアの丘の上の村」をヒントにしたと語っている。労働者が高速道路の下の工場地帯に徒歩で出勤できるようにし、子供たちを交通事故から守るという理想があった。その町は四つに分かれていて、四つは互いに行き来できるうえ、市の施設や商業施設にもつながっていた。歩道の他には、幹線道路の下を走る地下鉄があり、地下鉄はその土地を横断するだけでなく、町の外からも乗り入れていた。だがやがて、羽振りのいい仕事はなくなっていき、シャーレのような形の住宅地だけが残った。

スケルマーズデールの南東地区ディグモア。ある少年たちの縄張りだ。住宅、歩道、商店、フェンスは古いものを直しただけで、つぎはぎのように見える。大きな改修工事が行われた痕跡はない。不気味な場所というわけではないが、（少なくとも自治体からは）愛されていなかった。若者と犯罪の関連を考えるとき、公園がなく、子供の遊具がどこにもないのはよくないそうだ。スケート場やブランコのあるオープンスペースはいくつもあった。すべて徒歩で行ける場所だが、おそらくそこは敵のグループの縄張りだった。私にはわからない境界線があったのである。

建築家と都市計画家の理想主義は、ギャングの抗争が起きやすい環境をつくり出してしまった。警察のパトカーが入れない交差点や路地は、麻薬密売人にとって最高の逃げ道や隠れ家になった。地下鉄ではギャングの衝突や強盗が発生した。二つの道路に囲まれた土地は、郵便番号による縄張り意識と、そこからくる競争意識を高めた。

ポール、ケビン、ディーンとその仲間は白人（長時間屋外にいる者にしてはとても白い）で、十七歳くらいだった。「ギャング」という言葉は、だらっとしたニットを着たティーンエイジャーのグループには、堅すぎるかもしれない。スケルマーズデールのキャッスルヘイ通りのはずれにある、防犯設備が万全のコンビニをうろついているようなやつらなのだ。彼らはかごの中の猫のように背中を丸めてウロウロし、若いからかレッドブルを飲みすぎているからか、落ち着かないエネルギーに満ちていた。彼らのユニフォームは、ノースフェイスの防水ジャケット、トラックスーツのズボン、黒いキャップとローキーな黒やグレーのトレーナー。監視カメラ対策の服装と呼ぶことにしよう。

彼らの服はだぼっとしている。ニュートラルだし、よく見かける格好だ。彼らの絶対的な敵も同じユニフォーム。派手さがなく、ボディコンシャスでもない。筋肉を見せるデザインでもない。影の中で動くための服であり、走りやすくできている。私は彼らの何人かが、暑い六月なのにトップスとズボンを二枚重ねていることに気がついた。私はディーンに理由を聞いた。「ただのファッション」と彼は答えた。しかし本当は、犯行現場から逃げるときに素早く着替えるためだった。暑くて不快な格好だが、法を犯す用意はできていることを仲間にほのめかしている。

男性的なファッションの常として、彼らの服装もまた、赤ちゃん用ワンピースの大人版さながら、妙に子供っぽいし去勢されているようだ。私が話した警察官の一人は、逮捕した若い男たちの「発育遅滞」、つまり未熟さを教えてくれた。若者の多くは海外どころか、リヴァプールくらいまでしか行ったことがなかった。その土地が世界のすべてであり、そのヒエラルキーに自分の居場所があった。外の世界との交流はないようだ。テレビやインターネットなどのカルチャーについてもほとんど話さない。うめいたり、大麻を吸ったり、ニヤニヤしたり、俯いたりしていた。人とのコミュニケーションがうまくできないようだった。彼らは文になっていないスラングをもごもごと言い、仲間にしかわからない冗談を言ってクスクス笑った。

彼らは私たちのカメラを見るとキャップのつばを下げ、ジャケットの襟を立てて、隣同士でブツブツ話した。しかし、彼らはグループの残党だった。前の年に警察の取り組みによって、ディグモアの若者が大勢刑務所に送られたのだ。

彼らは女性に育てられた。父親について尋ねると、二言三言悪口を言った。父親は最初からいなかったか、長い間留守だったか、刑務所にいるか、あの世にいた。男性のロールモデルは、仲間や少し年上の若者で、使い走りをさせられるが、気を使っている相手だった。彼らのなかには読み方を学ぶ前に中退した者もいた。彼らと話しているととても気が滅入った。

まるで、教育、成功、才能、社交スキル、愛によって若者が手に入れられるあらゆる機会が奪われていて、先史の昔に誇りと地位の源であったもの（つまりテリトリー）が拠り所になっているかのようだ。ひょっとしたら彼らにとって文明の恩恵はあまりにもくだらないため、仲間を暴力で守るとき、進化しきれていない部分が現れるのかもしれない。ナイフを靴下に隠していたせいで逮捕された少年は、家族の家と財産を守るために隣のタンハウス地区との境界を見回りしていたと言った。合理的な理由を考え出したのだろう。何かを守りたいとか、英雄的な気分になりたいという気持ちがあったから、もっともらしい理由をでっち上げたのかもしれない。

一部の地域ではテリトリーを守る必要性が強まっている。ルーマニアの地方にあるマラムレシュでは、男性たちが小さな土地をめぐって、今も殺し合いをしている。これらの農場は狭い。EUにある九百万の農場のうち半分がルーマニアにある。イギリスでも、郊外の隣人同士が境界をめぐって喧嘩をしている話をよく聞く。殺人になることもある。

スケムでは、若い男たちが男性性が喜びそうな何かを嗅ぎつけた。彼らは蛾に食われた草と背の低い壁でできた自分たちのアジトを警備した。そこからは「敵」の動きがよく見える。彼らは「何か音がしたから」警備したと言ったが、ディストピアが舞台のゲームのようなスリルを除けば、非常に退屈な暮らしのようだ。

この若い男たちに、このようになった経緯を聞いた(一部は拘留所で聞いた)。親の育て方のひどさ、教育のひどさ、雇用機会の少なさ、レジャー施設の不足などを挙げた。これは昔からある理由であり、彼らは正しかった。しかし、私が話したこの近辺で犯罪に巻き込まれている人のうちほぼ全員が男性なのはなぜかと尋ねたら、彼らは困惑したようだった。もちろん同じような親がいたり、同じような学校に通ったり、同じように仕事がない女性もいる。だが彼らが犠牲になった社会的な要因は、男性性なのである。あらゆる社会的な要因にターボのように装着されているようだ。それが彼らを隅に追いやったのだ。落書きやゴミだらけのその場所で、フードをかぶって汗をかき、唾を吐き、死んだ魚のような目をして座っている若者たちを。

彼らの一人は、青いアディダスのジャージを着たケビンという怯えた少年だった。私は彼が何かを茂みに隠しているのに気づいた。大麻かナイフだろう。彼は「どうすりゃいいか誰も教えてくれない」と言ったが、その言葉には悲しくも空虚な響きがあった。この若者たちは何も選択をしたことがないのかもしれない。主体性を育んでこなかったのかもしれない。男性的な他の特徴（意欲、野心、競争力）を誰も後押ししなかったのかもしれない。親があてにならないと、子供は好きなときに好きな事をするようになる。彼らは感情をコントロールして、目先の欲求を堪える能力を育ててこなかった。人生が始まった瞬間から流れのままに生きて、誰かのせいにし、行動しているのである。私がケビンに会った直後、彼はひどい暴力沙汰を起こして長い実刑判決を受けた。この若者たちが犯罪に手を染めてしまうのは、彼らに都合のいい選択だからだと私は考えるようになった。

彼らにとってこの閉鎖的なマイクロカルチャーが魅力に思えるのは、それが自分たちだけのものであり、両親や社会のものではないからだ。彼らは親と離れているが、していることは普通のティーンエイジャーと同じ。エキサイティングなゲームをしているのである。働く喜びも知らず長期的な目標ももたない少年にとって、犯罪は簡単にスリルを提供してくれる。同年代の少年がＢＭＸでバックフリップをしたり、バンドを始めたりする一方で、彼らは警察を刺激したり、モペッドを盗んだりしている。それはまた、本当の報酬（刑務所に入るリスクがあるのに対価の少ない犯罪を犯していることに私はいつも驚いている）と本当の結末をかけたゲームなのである。このゲームで命を落とすことも少なくない。私たちはギャングが殺された恐ろしい現場を訪れた。死んだギャングへの供物は撤去されていたが、弔いの落書きが壁に残っていた。他には、天使のような顔をした少年が、前の年にタンハウス地区で襲われ十回以上殴られて死にかけた事件も起きていた。彼からそのことを聞きたかったが、喋ってくれなかった。ディグモアの血の掟だったのだろうか。それとも若者にありがちなはっきりしない態度にすぎなかったのだろうか。

彼らは過酷な環境を生き抜くのに必要な、昔からある本能と感情の犠牲者だった。貧困や、機能不全や、男性性のせいで、社会と文化の慰めから締め出されてしまうと、先史時代の何かが取って代わる。この若者たちは火を囲んで体を寄せ合い、自分たちを守っていたのだ。彼らには「俺たち」と「奴ら」がいた。ドラッグの取引が彼らをつなぎとめる原理のようだった。犯罪は何世代にもわたって、彼らと、荒涼とした縄張りと、ふんぞり返っているが悲しい男性性に染み込んでいた。彼らは麻薬取引、脅迫、喧嘩をした。他に何も頭に浮かばないようだった。彼らは最も卑劣な男性性が生む儀式的な遊びに縛られていた。彼らには男性性の死骸しかなかった。カルチャーや、スキルや、志や、規範は、とっくの昔になくなっていた。少しドナルド・トランプに似ているな。

彼らは「仲間を探している」、「うちのグループは強い」と言って、口先だけの敬意を示す。しかし、彼らが病気になったときや刑務所にいるときに仲間たちが面会に来たかと聞かれると、その「忠誠心」はシューっとしぼむようだった。マッチョなゲームの外でのケアは、なるほど、女の子の仕事だったのかもしれない。

この少年たちはごく少数派だと言わなければならない。ほとんどの若者にはまともなワーキングクラスの生活がある。しかし、彼らのようなごく一部の若者たちは、何千人もの生活を台無しにしてしまう。私がこのグループと顔を合わせたとき、自分の感情に戸惑った。彼らはどんな愛情を向けられても何も感じないようだったのだ。私も十六歳のとき、そのなかの一人になりかけていたからだと思う。彼らも虐待のある混沌とした場所から逃れてきたのだ。私はもっと同情すべきだったかもしれない。彼らの男性性に気を取られていたのだが、それに興味があったわけではない。彼らは私がかつて味わった恐怖を呼び起こしたのだ。

暴力、軍隊、スポーツ

暴力がすぐに消え去ると考えるのはあまりに素朴だ。テレビでニュースを見ると、暴力が人間社会の奥深くに組み込まれていることを確認できる。私の自由と経済力は、男性や暴力について勝手な意見を言えるほどのものではあるということに気がついた。なにしろ私たちの面倒を見たりパトロールしてくれる暴力的なギャング（警察や軍隊）を認めてきたのだから。この制度をうまく利用してきた男性（たいていは白人、たいていはミドルクラス、つねに中年）は、スケムにいてもおかしくないような若い男性が市民、国境、価値観を守るために、殺されたり傷つけられるように仕向けている。こうした「私たちの息子たち」が時代に逆行するイデオロギーと戦っているのを見るたびに、私は「私がフリル付きのドレスという格好で野蛮な陶器をつくったりおしっこをしにいく権利を守ってくれているんだ」と冗談めいたことを言う。

私は徴兵を免れた世代だ。イギリスでは戦争は自主的に参加するものだ。無気力な若者への対策を議論するなかで、軍隊であれ平和部隊であれ、いわゆる徴兵制を導入すべきだという意見はよく挙がる。強制兵役は悪いことだと思われている。それには理由がある。兵士の物語といえば、トラウマ的な英雄譚が定番になっているためである。国のために命と肢体と正気を犠牲にする苦悩の戦士のイメージは、メディアを支配してきた。しかし、第二次大戦以降に軍隊で働いた大多数の男性は、民間人としての生活に役立つ素晴らしい技能を学べた貴重な経験だったと言うだろう。軍隊での日々は圧倒的に有益だったと思っている男性は多い。私は負傷した退役軍人たちと話をしたことがあるが、彼らの多くはもう兵士でないということを悲しんでいる。

徴兵制の復活が少年犯罪への解決策だと言うつもりはない。しかし、多くの若者にとって国家奉仕は形式的な成人の儀式となる最後の機会だったのである。男性たちは口々に、軍隊にいた時間が自分をつくり上げたと言っている。そのおかげで混沌とした子供時代から抜け出せたのだし、再び教育を受けることもできた。「俺がママだよ」と、軍曹が一兵卒に言う。私たちは社会化されていない男性のエネルギーを扱う術を見つけなくてはいけないのである。

犯罪から抜け出す昔ながらの方法はスポーツだ。特にボクシングがそうである。一部の若者にとって、トレーニングは外で強盗しないための男らしいエクスキューズだと考えられている。ボクシングは怒りを発散させ、混沌とした生活に規律を与えてくれる。私が話を聞いた格闘家のなかにも、そんな理由で総合格闘技を始めた者が何人かいた。若者の犯罪に対処する計画を立てるときに、怒りや、機能不全や、リスクはなくならないことを念頭に置いているのは賢明だと思う。これらは荒涼とした議会だけで解決できる課題ではない。ニュースを見ていると、世界で多くの問題を生んでいるのは、制御不能な男性性のように見える。

希望に満ちていた「アラブの春」がさまざまな国を巻き込んだ惨禍になったことに、私は失望した。だが驚くことではないのだろう。野郎どもは銃を愛している。私のような人間にとっては、ＩＳＩＳは間の抜けた死のカルトに思えるが、十代の少年にとってインターネットを駆使したＩＳＩＳのプロパガンダは、大人になる道を教えているようなものなのだろう。危険な少年の集団が、物事を白か黒かではっきり決める世界観のなかで冒険する。反体制のヒーローになる夢を現実世界に見せつけるチャンスなのだ。ＩＳＩＳは殺人者を養成しているのではなく、怒りや疎外感、理想的な男性性が調和するような場所を探している不満だらけの若者に、アピールしているのである。

古い男らしさはグローバルな侮辱コンテストでも真価を発揮する。辱められたり屈辱を受けることは、「伝統的な」男性にとって大きな問題なのである。なにしろＣＩＡがグアンタナモ収容所の囚人の肛門に屈辱的な扱いをしたり、ホモセクシャルの真似をさせたり、女性刑務官にバカにさせたり、彼らにオムツを履かせたりしたのだから。

女性の知らない男性の魅力はなんだと思いますか、と私はある男性たちに質問した。「危険な男の魅力」というのが彼らの回答だった。彼らはセラピーを受けている中年のミドルクラスで、無謀な運転や薬物使用やセックスや暴力にまつわる武勇伝をもっていて、それらを楽しそうに語った。男しかいない集団では、危険は熱狂に変わるのだ。

私はひどい暴力シーンにエネルギーをもらったり、興奮したりしたことを覚えている。小学生の頃、前の晩にテレビで見た血みどろのシーンを話すのが好きだった。『バトル・オブ・ブリテン』の射撃手のゴーグルが血まみれになるシーンや、歴史ドラマで繰り返される血しぶきが飛ぶ四肢の切断や首切りシーンを見た翌朝に、バス停で大騒ぎしながら話したものだ。しかし、私が軍隊に入隊しそうになったのはそういう場面のせいではなく、慰めになる男性のロールモデルを求めて家から逃げたかったためだ。

私は漫画の男らしいキャラクター（カウボーイ、兵士、警官や泥棒、モッズやロックミュージシャンなど）をロールモデルにして育ったので、あらゆるものは戦いに収斂されていくと思っていた。一人前の男になることは暴力を覚悟することだった。私の少年時代は、例えるならば、武器を集め、使い方を考え、点検する時期だった。そして軍人になるという幻想が、もう少しで血まみれの現実に変わるところだった。陸軍に入隊していたら、北アイルランドやフォークランド、ボスニアにさえ行っていただろう。ありがたいことに、私は入隊しなかったが、心のトランクをパンパンにしている大量の怒れる男性性は行き場所がなかった。三十代後半に心理療法を受けたとき、ようやくそのトランクを整理できたと思った。

黄金時代へのノスタルジー

ミドルクラスの弱虫たちは、男性の暴力は「他者」（貧しい人々、学歴のない人々、外国人）が行っていると考え、離婚問題専門の弁護士に相談している。ミドルクラスの偉そうなご意見番たちは、妻への虐待はタトゥーを入れたスキンヘッドの男たちが荒野でやっていることだと思っているかもしれない。彼らが礼儀やマナーを厳しく守ったり感情を表に出さないようにしているのは、暴力は体面に関わると考えているからかもしれない。しかし、私が話をした離婚問題専門の弁護士は、ドメスティックバイオレンスはミドルクラスにもよくあることだという。痣が残るようなことはしないだけなのだ。コントロールしたり、威圧したり、いじめたり、弱みや良心につけ込んだりということはよくある。例えば、「母親失格で、病んでいて、アル中で、男にだらしないことをお前の家族に言うからな」と。自身の不貞、怒り、憂鬱によって追い詰められた男は、学歴の良さに関係なく、美しいものではない。作家のアマンダ・プロウズは、『テレグラフ』誌でミドルクラスのドメスティックバイオレンスについてこう書いている。「一戸建ての家には、あなたの叫び声を聞いてくれる人がいない」

現代の西洋人男性なら、自分の肉体と多くの本能がもはや必要とされなくなっていることがわかる。社会は進歩し、機械が荷を持ち上げ、戦闘の多くは専門家に外注されている。男性性の基本的な力学——支配・多数派の必要性——は、近代化計画のなかではまったく時代遅れのようである。私たちの望み通り、より平等で寛容な社会へとたどたどしくも前進するにつれて、男性が受け継いできた心理的なツールと肉体的なツールは不要な部分が増えているように思われる。

先進国での男性の役割はほぼすべてがパフォーマンス、つまり男性性のパントマイムである。狩猟をする必要はなく、戦争もなく、肉体労働もしなくて済むようになってきている。チャック・パラニュークの小説が原作の映画『ファイト・クラブ』（一九九九）は、こうしたテーマを扱っている。語り手（エドワード・ノートン）は、男性的な魅力のあるタイラー・ダーデン（ブラッド・ピット）と出会い、友情を育む。そして、殴り合うことで男性的な欲求を解消するクラブをつくる。クラブはやがて反物質主義、反企業組織へと発展する。（ネタバレ注意）そして最後に、タイラーは語り手の人格が分離した姿であることが明らかになる。私は子供の頃に自分の男性性をテディベアのアラン・ミーズルスに投影していたので、この話にとても興味をもった。すでに書いたように、アランはその当時ドイツ軍（私の継父のメタファーである）と戦うゲリラの戦闘員だった。その後、ダライ・ラマのような教祖に変貌する。私の怒りがしぼんだことを反映しているのである。

ポケットサイズ・ロールモデル　集めよう！

Pocket-Sized
ROLE
シングルパパ
特殊能力：かっとならない、
いつでもごきげん、
洗濯機の操作が可能
ヒップスター
特殊能力：
全員個性的、
創造性が豊か、
フェミニズムに詳しい
エモ男
特殊能力：涙もろい、熱いハグ、
男性向けセラピーグループをつくる

私は男性性について話すとき、つまり、男性的な行動や感情や美意識について話すとき、過去のことを考える。『ファイト・クラブ』や、男性性に関するたくさんのレトリックから感じるのは、ノスタルジーである。フェミニズムは常に未来を向いている。女性が権利を獲得する日を、女性の役割が変わり広がる日を考えている。女性はより良い未来のために、より公正な未来のために働いている。女性は社会の変化だけでなく自分に生じる変化も受け入れようとしている。女性はこの拡大する役割を掴むために、適応し、新しいスキルを学び、自信をつけなくてはならない。しかし、男性はいつも、男性が「男性」だった（男性のための）黄金時代を呼び戻しているようだ。ハンティング（危険でスリリング）の時代、戦争（危険でスリリングで退屈）の時代、重工業（危険で退屈）の時代を。怒り、暴力、腕力といったビンテージな装備が力を発揮した時代を。そして男性が女性を支配した時代を。

多くの男性は進歩的なフェミニストの議論に敗北感のような感じを受けている。もう必要ないと言われ、屈辱への下り坂を転がっているようだ。あなたの役目は終わった。争い好きな見苦しいハンターはもういらない。かつて女性は、卑しくて、粗野で、動物的で、「情熱的」に爆発し、「非合理的」に振る舞うとされていた。テロや、金融の失政や、汚職、犯罪、不寛容のニュースを見ていると、卑しくて非常識なのは男性に他ならない。未来を見据えて変わるべきは、男性である。

過去にこだわる姿勢は、男性性をめぐるさまざまな議論で見られるようだ。ノスタルジーは要注意。親しみのある快適な空間を手に入れようとするのは人間に共通の性質だ。しかし、コンフォートゾーンを広げることで得られるメリットは、もっと世に知られる必要がある。新しい挑戦とは、スカイダイビングや、ジャングルでのトレッキングといった、日常から外れた大きなことだけではない。新しい振る舞いとしての新しさ。もっとオープンに。もっと自分に優しく。そしてマスクを外そう。

マウンテンバイクのくれた洞察

先ほど指摘したように、オールドスクールの男性性は、現代の男性に男臭い娯楽品としてますます売りつけられている。週末の趣味のためのヘルメットやウェットスーツのようなものであり、脱ぐときも痛くないし、階段の下の棚に置いておけるうえに、脱いでいるときは、きちんとした稼ぎ手や父親や恋人として普通に生活ができる。マラソン、トライアスロン、タフ・マダー〔十六～十九キロの障害物レース〕、マンロー・バギング〔スコットランドにある三千フィート以上の山をすべて制覇すること〕、サーフィンが今日大人気なのは、健康を維持するためだけでなく、自分の男らしさに何かをさせたいという男性の願望のしるしである。男性はスポーツをすることで持久力、強さ、身体能力、危険への対応力、支配する機会のほかに、こうした男らしい条件が真価を発揮する完璧なアリーナを手に入れることができる。

私が『オール・マン』でインタビューした男性のうち、最も男らしくリラックスしていたのは、格闘家のコリン・「フリークショー」・フレッチャーだった。強靭な肉体をもつ総合格闘技（ケージ・ファイティング）の王者である。コリンは、認めてもらわなくても構わないとばかりに、自分がいかに男らしいかを率直かつユーモラスに話した。滑稽なタトゥーを入れた恐怖の道化師という姿は、仲間の格闘家たちが醸し出す月並みなマチズモをあざ笑っているようである。スポーツは精神衛生によいことを宣伝するために歩く（殴る、蹴る、締め上げる）広告のようだった。

私にとって、最もマッチョなのはスポーツだ。

私の継父はスポーツ好きだった。十代の私はスポーツの才能があったにもかかわらず、彼とスポーツをするのを拒んだ。十六歳のとき、私は学校のランニングレースで優勝したが、彼は「やっと頭じゃなくて体を使ったな」と言った。私は二度とレースに出なかった。

それからおよそ十六年後、自分の身体能力はもう一度燃え上がることになる。

それまでは、スポーツらしくないスケートボードをした。スケートボードはパンクの攻撃性を含んだカリフォルニア的なクールさがあった。持久力やスピードは関係がなく、姿勢が重要だった。私は気の毒なティーンだった。田舎のスケートボーダーだったので、スケートをするには一番近くの舗装地まで数マイル歩いていかないといけなかったのである。一九八三年にセントラルロンドンでスケートボードをやり始めると夢中になった。スケートブームの波に乗って、無料の（そして全体的に使いにくい）スケート場がいくつもできた。カンテローズ・ガーデン、ケンニントン・パーク、サウスバンク、そしてウエストウェイの下にあるミーンワイル2（私のお気に入りだ）。時にはロムという名前の、ロンフォードにある商業スケートパーク（現在は指定建造物）にまで足を運んだ。

私たちはハードウィールを付けたワイドなフィッシュテールのボードに乗り、定番アイテムになる以前からコンバースとサーフショーツという格好をしていた。雑誌の『THRASHER（スラッシャー）』の特集記事を読んで、西海岸のスケーターたちを知った。その雑誌はコピー用紙をホチキスで止めた程度のもので、ロンドンのノッティングヒルにあるレコード屋「ラフ・トレード」の下にあるスケートショップで見つけた。スケートボードを見物しているのは全員、威圧的で都会的な（もちろん）男性だった。最もうまいスケーターは、最高難度のトリックができるわけではなく、全身で飛び込んでいく度胸があった。バレエをするマチズモ。彼らはとてもかっこよかったが、そういう身体能力は気にしないようにしていた。空中でポーズを決めるのはゲームの一部だった。穴のあいたショーツ、破れたシューズ、かけたボードはスタイルポイントにプラスになった。インフォーマルな大会では、パフォーマンスの前にラガーを一缶飲んだりした。

こうして、私は一九七七年から十年くらいアドレナリンを分泌させていたが、コンクリートに叩きつけられてひどい目にあい、マウンテンバイクに乗り換えた。スケートボードより安全だと思ったからだ。一九八〇年代には、BMX以外の自転車に乗ると変わり者扱いされた。そんな乗り心地の悪いロードバイクに乗るのは、道標にもたれてサンドウィッチを食べる北部の年寄りくらいだった。けれども一九九〇年代に本格的に普及したマウンテンバイクはどこか違っていた。遊び心があり、タフで、尻と肘に優しかったのである。今でもマウンテンバイクはパーカーを着た若者たちに人気だ。携帯のメッセージをチェックしながら、縁石に登ったり小道を疾走して、警察から逃げるときに活躍するからだ。

私はロンドン北東部にあるエッピング・フォレストをゆったり走るより、大会に出るのが好きになった。一九九二年にはクロスカントリーバイクレースに参加した。競技のスリルにぞくぞくしていた記憶がある（アーティスト仲間とのひそやかな競争とは対照的だ。オークションの最高入札額は誰の作品？　展示会の来場者数は？）私は一人目のレーサーを追い越して、嬉しくてこう叫んだ。「なめんなよ、この負け犬！」スケートボードより自分に合っていると思った。

ロードレースと比べて山道のレースはかなり民主的だ。五番目にうまいライダーは、不運なことが起きなければ、ほぼ間違いなく五位になる。走行速度は遅く、狭い道は技術を要求する。風を遮る集団もいなければ、先頭集団もない。自分が対抗する集団がいないのでコースと対峙すればいい。だが、いい位置をめぐって肘打ちを食らうことはたまにある。私は三十二歳から四十四歳までレースに参加した。ベテラン向けのマウンテンバイクレースのことを「五十代の『お先にどうぞ』」と呼んでいる人もいた。そのレースでさえ激しい競争になる可能性はあった。私が上り坂でライダーを追い抜かすときの戦術は（すでに述べたとおり、今でもこれをやっているのだが）しばらく息を殺し、走り去りながら陽気に挨拶することだった。私はショーツを履いたまま小便をしたこともある。いいスタート位置を確保したかったのだ。私はスピードを落として息を飲んで、道幅の狭い区間でライバルたちを抑制し、道幅が広くなると一気にスピードをあげて距離を広げた。

私は憑かれたようにレースを目標にして必死に練習した。ある年には、自分にあったトレーニングを取り入れるために、インターネット上でコーチについた。自分がどれくらい速くなれるか知りたかったのだが、かなり速くなれることがわかった。いくつかの地方大会で優勝したほどだ。二、三時間のセッションを週に四回やった。毎朝目を覚ましたら心拍数を測ってグラフにした。私は無酸素トレーニングとファートレック・トレーニングに耐えた。アーティストはスポーティーであってはいけないとよく言われるが、だから余計楽しくなった。陶芸と同じく、スポーツは野暮ったかった。レースに参加したことで別のサブカルチャーの本質がわかった。髪を短く切った小ぎれいな男たちが、スタート地点でチラチラと横を見て、「あいつ、一気に飛び出す気だな」「前に行って食い止めるか?」「俺を狙ってるのかな?」とライバルたちを気にしていた。レースが終わるとエンドルフィンが脳内を駆け巡る。汗と泥にまみれた男たち。誰もがレースの印象と恐怖を語り合い、天然の化学物質でハイになっている。私がアーティストだということを誰も知らなかった。五位になったただの野郎だった。

スポーツには独特の人間臭さがある。スポーツは礼儀正しい戦いであり、歯をむき出しにして良いアリーナだ。アイスダンスやダイビングのように、審判が勝者を決めるスポーツは嫌いだ。アーティストにとって、勝つか負けるかがすべてなのは新鮮である。

しかし、勝者と敗者を分ける明確さは、男らしさが絡んでくると厄介だ。勝者と敗者が明確なスポーツをしている漫画の主人公。子供たちをその主人公から引き離し、男らしさの微妙なニュアンスを学ばせる方法とは?　二十一世紀的なしなやかな男性とのコミュニケーションとは?　スポーツはすばらしいが、人生はめちゃくちゃだ。フェミニズムのゴールは一枚のポストカードに書けるだろうが、男性性の行方については何を書いたらいいだろう?

男性は明確な目標を好むが、そのことが問題なのだとしたら？　男性に必要なのは、日常のさまざまな規模の課題（明確な勝者と敗者がいない）を乗り越えるスキルかもしれない。男性は上腕二頭筋よりも直感を鍛える必要があるかもしれない。

ネットに蔓延する男たちの不満

男性性の一般的なビジョンを、さまざまな様態の性役割がある世界に適応するようにアップデートするならば、まずは男性の関係集団から手を付けよう。男性運動は一九六〇年頃から少しずつ始まった。第二波フェミニズム、ブラックパワー運動、学生運動とともに成長し、男性が男女平等の世界に適応する術を考える男性解放運動として起こり、フェミニストが女性の性役割を検討したように、男性の性役割が生む制約を検討した。初期の男性運動は女性たちとともに運動を行ったが、すぐに彼らは親フェミニズムと反フェミニズムに分かれ相対した。

親フェミニズムが西欧のリベラルな思想に静かに吸収されるあいだ、男性運動の性質に変化が生じた。社会が平等に向かうにつれて、考え方や対人能力が時代遅れの男性たちは、自分たちはひどい扱いを受けていると思うようになった。その感情は、フェミニズムにあからさまな敵意を向けている別の男性運動と結びついていった。その初期に登場したワレン・ファレルは、一九九三年に『男性権力の神話：《男性差別》の可視化と撤廃のための学問』を著した。男性は使い捨ての性であり、戦争や人命救助や危険な場所に送り込まれているというのが彼の主張だった。彼の本はジェンダーの議論で強い影響力をもつフェミニストの声を、厳しく矯正するものとみなされた。ファレルを師と仰ぐポール・エラムは、男性の権利運動で最も人気のウェブサイト「ヴォイス・フォー・メン」を運営している。ポールは男性性が専門の知的で繊細な思想家のようだ。このサイトは示唆に富み比較的穏やかな内容の記事が大半だが、多くの文章に洗練された不満が読み取れる。マンスプレイニング（Mansplaining）の記事、マンスプレッディング（Manspreading）の記事、男性の割礼の記事に加えて、「現代フェミニズムの危険」と題した特集や、女性活動家を批判した（私には挑発的だと思える）記事もある。サイトには、考えさせられる意見、鋭い意見がいくつもあり、女性が書いた記事もある。しかし、伝統的なワーキングクラスの男性がゴミ山に残されたと感じて抱いている正当な怒りや、彼らが賛同している男性性のありえないビジョンは、あまりにも安直に（権力のある男性にではなく）女性やフェミニストをターゲットにしていると思う。このウェブサイトに登場する男性たちにとって、フェミニズムが攻撃している性差別的な父権社会は、アイデンティティの核のようである。彼らの口調からすると、セクシズムの絶滅は彼らの絶滅と同じことのようだ。概して、男たちの最大の敵は、男たち自身だと私には思える。現代社会の男性の地位を再検討し、新たに想像しようという誠実な呼びかけとして始まったものが、未熟で怒りやすく、ミソジニーを露骨に表す男性に乗っ取られていったのである。

これはおそらく、インターネットの性質が原因だ。ウェブ上で拡散した不満は、被害妄想的で常軌を逸した喚きとして存在が明確になるようだ。「男は自分の道を行く（MGTOW：Men Going Their Own Way）」などのウェブサイトの投稿を読むと、私はフェミニストの陰謀に騙されているうえに、男性嫌悪主義者《ミサンドリスト》のリベラルなメディアに吹き込まれていたと思えてくる。こんなにつらい気持ちになるなんて……私はおかしくなっている。

MGTOWでは青と赤の錠剤の例えがよく用いられる。映画『マトリックス』で主人公は選択を迫られる。青の錠剤を飲んでもう一度現実の幻を甘受するか、赤の錠剤を飲んで、世界の本当の姿を知るか。MGTOWの掲示板に投稿している一部の男性は、女性から受ける圧迫感に対してますます意識的になっている。赤い錠剤を飲んだと思っているのだろう。

「サイレント」と名乗る男性がこんなことを書いている。

赤い錠剤を飲んだら何に我慢できなくなった?
赤い錠剤を飲んでから、昔は楽しかったことが楽しくなくなった。
こういうものにはもう耐えられない。

九十九パーセントのアニメ
九十九パーセントのテレビ番組
映画館やDVDの映画すべて
バー
大半のオンラインコミュニティ
現代の政治を知ること
たいていの人間
大学と大学図書館
女の集団がいる場所(ショッピングモール、スーパー、映画館、観光地)

「キーマスター」と呼ばれる男が返信をしている。

これを付け足したい。女は僕を操れないってこと。女は毎回失敗する。僕は楽しませてもらったけど、彼女は嫌がってた……僕を操ろうとした彼女が悪いんだ。

耐えられないのは操ろうとすることではなくて、女の傲慢さだよ。うまくいくと思ってるんだ。なんでも思い通りにしようとする。

例1：

二年半ほど前、デートでのことだ。いい夜だった。いい女だった。そして「ハンドバッグを持ってて」と始めやがった。

「そこに置いたらいいじゃないか」（僕は両手をポケットに入れて立っていた）

彼女はまるで僕がひどいことをしたみたいに僕の顔を見た。でも僕の心の声がこう言うんだ。「ハンドバックを持ってあげたりしたら、今夜ファックできないぞ」って。

「サイレント」の返信。

俺にも同じ経験がある。女友達といたとき、俺にああしてほしい、こうしてほしいって言ってきた。俺はその頃、カマ野郎／白馬の騎士だったから、バカみたいに言うことを聞いたよ。
だけど今は、女に何かを期待されても無視してる。なんでもやってくれると思ってるビッチなんて、知るか。女は男に何か期待するくせに男には何もしないんだ。フェラもなし、金もなしなら、俺は何もしてやらない。放っておくね。

サイトの投稿の多くがこんな調子だ。こういう男たちが実生活でもこうなのかはわからないが、彼らはデートのギブ・アンド・テイクをうまくやる能力もなければ教育も受けていないように思える。彼らは時代遅れの性役割にしがみつき、自分の許可なく世界が変化していることに憤っている。彼らにとってセックスは通貨であるかのようだ。ここに挙げたようなことは、ネット上で憤っている人間のいい例かもしれないが、私が心配しているのは、苦しみと疎外感を抱えた若者たちがこういう書き込みを読んで、怒りを募らせ、暴力的な行動につなげやしないかということだ。「サイレント」が「白馬の騎士」と言っているのは興味深い。女性のなかには、英雄が助けてくれるというロマンチックなフィクションを受け入れ、男性に誤った期待を抱いている人は多い。おそらく彼らは「男は自分の道を行く」のをやめて、思いやりをもってよく考え、話し合い、適応することを学ぶ必要がある。

そういった男性たちがいる場所のひときわ濃い暗がりに、プロのセクシストであるダリーアッシュ・バリザデが立っている。ルーシュ・Vの名で有名なピックアップ《ナンパ》・アーティストで、彼のウェブサイトは「王の帰還」という名前だ（うんざりする）。記事にはこんなものがある。「インド人の女の子を従順な妻に仕込む五つの方法」、その副題は「石炭をダイアモンドに変える術」。「マシンガンゲームとライフルゲームのメリット：あなたはどっち？」（ここでの「ゲーム」はセックスのためのナンパのことである）

来るべき進歩的男性像とは？

男性の権利運動は、男性性の静的で硬直したビジョンとつながっているようだ。女性は将来の姿、あるべき姿、なりたい姿にずっとフォーカスしてきた。女性にとっては、古くからある性差別やステレオタイプという、過去の制約が問題なのだが、男性は昔からあるもの、すなわち、もはや必要でもないし求められてもいない男性性の核になる考えを保とうとしたいようである。女性は変化を望んでいる。彼女たちは、男性的とされてきた特性を取り入れてきたかもしれない。だが男性の権利運動は、女性的とされてきた特性を取り入れるように男性を促しているわけではないようだ。反フェミニズムのマノスフィア（manosphere）は、性差別的なオンライン上のからかいは、彼らの本音ではないかもしれない。鬱憤を晴らしている男性の迫害者／犠牲者としてのスタンスがおかしいことを実は理解しているようだ。性差別的なオンライン上のからかいは、彼らの本音ではないかもしれない。鬱憤を晴らしているだけかもしれない。男性省にいる架空のボスにヘコヘコしている負け犬なのである。しかし、多くの男性は自分を突き放して考えることができないようなので、この「無邪気な憂さ晴らし」を真っ正直に捉えていないだろうか。それでは幸せになれない。彼らは匿名性の陰に隠れている。陰謀論を妄想して自分を慰めている。レイプの冤罪、女性からの暴力、男性への差別など、男性が受けている被害は、リベラルなメディアで決して報道されないと彼らは言う。彼らの口調（大げさで、口やかましく、威張っていて、攻撃的）が真実を表している。自分たちの運動の目的を明確に述べていないときでさえ、彼らは間違いなく、自分たちにとって現実のジェンダーと性のファンタジーとが一致していた過去に時代を戻そうとしている。二十一世紀に魅力的な男性でいるには多少はフェミニズムを学んだ方がいいということを受け入れていない。

ジェンダーをめぐる激しい議論は、活動家、メディア、学者、つまりミドルクラスの人々によって行われている。一方、その輪の外にいる男女は不当に扱われている。

偏見に満ちている男性権利活動家から離れた、理想の運動とはどんなものだろう？　現代の男性は次世代に対して、女性が優位になることを疑ったり拒絶してはいけないと教えるべきだ。同時に、そのことの大切さや、これまでの男性のあり方や、負の歴史に囚われた時代遅れの人間ではなく真に現代的な男性でいる術を、教えなければいけない。

フェミニズムは、文化の進展の遅さからくるこうした混乱を、何十年も前に経験したのだろう。一九六〇年代、七〇年代、八〇年代には、フェミニストのことを、不愉快な過激派として、ブラジャーを燃やす毛むくじゃらの鬼婆として拒んだ女性は多かったが、それ以降にフェミニストになった者たちは、男女平等を自然的正義として理解するようになった。新しい行動はたいてい、怯えや興奮を経て普通のものになる。男性もこのようなプロセスを経験するべきだ。彼らは進歩的な男性の異質さに戸惑わず、そんな男性を新しい規範とみなすようにしないといけない。ジェンダーは私たちのアイデンティティの深くにあるので、変化にはかなりの時間がかかるだろう。だからといって、それは今取り組まないことの理由にはならない。

では、若い男性を導く進歩的な男性ロールモデルは誰だろう。大勢いそうだが、実生活でロールモデルになるのは誰だろう。フェミニストに五人挙げてもらおう。オバマ？　デビッド・ベッカム？　ダライ・ラマ？　ブラッド・ピット？　うーん。難しい。なにしろ、こうした有名人がプライベートではどんな人物なのか誰も知らないからだ。アカデミー賞を受賞したマーク・ライランスは楽しそうな人物だが、彼は役者だ。休日に妻に高熱の油をかけて地下室に閉じ込めないとは言い切れない。私はセレブリティ男性のロールモデルとしての力を信じきっているわけではない。彼らはどこか遠くの異国の存在なのだ。ロールモデルをつくるには――少年たちは、善良な男性（おそらく父親）から毎日、信頼できる言葉をかけられたり、かまってもらう必要がある。少年はメンターの感性を取り込むからこそ成長していける。ゴシップサイトでその人物のことを読んだり、トーク番組で彼の姿を見るだけではダメなのだ。

男女平等の世界で男性はどうなるか、どうあるべきか。それにフォーカスした例はほとんどない。社会の変化によって女性が受ける利益と男性が受ける屈辱に関する記事を、いくつも読んできたが、男性の未来についてはあまり書かれていなかった。専業主夫の増加。セクシストの減少。心を開いて気持ちを伝えること。いずれも重要な社会的変化である。問題は、それらがかつてなかったものであるため、オールドスクールな男性たちの強力なプロパガンダを退けるロールモデルとナラティブがないことである。新たな男性のアーキタイプが必要だが、その男はセクシーでスリリングだろうか？　洗濯機のように実践的で扱いやすいだろうか？　男性に必要なのは、時代遅れのロマンチックな物語のスリルではない。今ここにある親密な関係と意味ある役割がもたらす、日々の幸福を祝福する態度である。新しい男性像を考えるとき、私の心がざわつくことはない。その男性の登場は良いことだと思うが、売り込むのがとても難しい。交通渋滞に巻き込まれている人に、車の魅力をアピールしながら売ろうとするようなものだ。

しかし、ある意味でそれは、まさに私が売り込んでいるものである。男性性の満足感を売り込むとき、絶頂感のすごさがセールスポイントになりやすい。戦いに勝つこと。女性を口説くこと。アドレナリンが出ること。エクスタシーを感じること。しかし人生はそういうものではない。とにかく、私たちは自分の車（男性性）でレースに出ることはまずないのだから、日常生活で使える車があればいい。駐車しやすくて広いトランクとチャイルドシートがついた低燃費の男性性が必要なのである。男性は平和の装備を覚えよう。

4

客観主義という殻

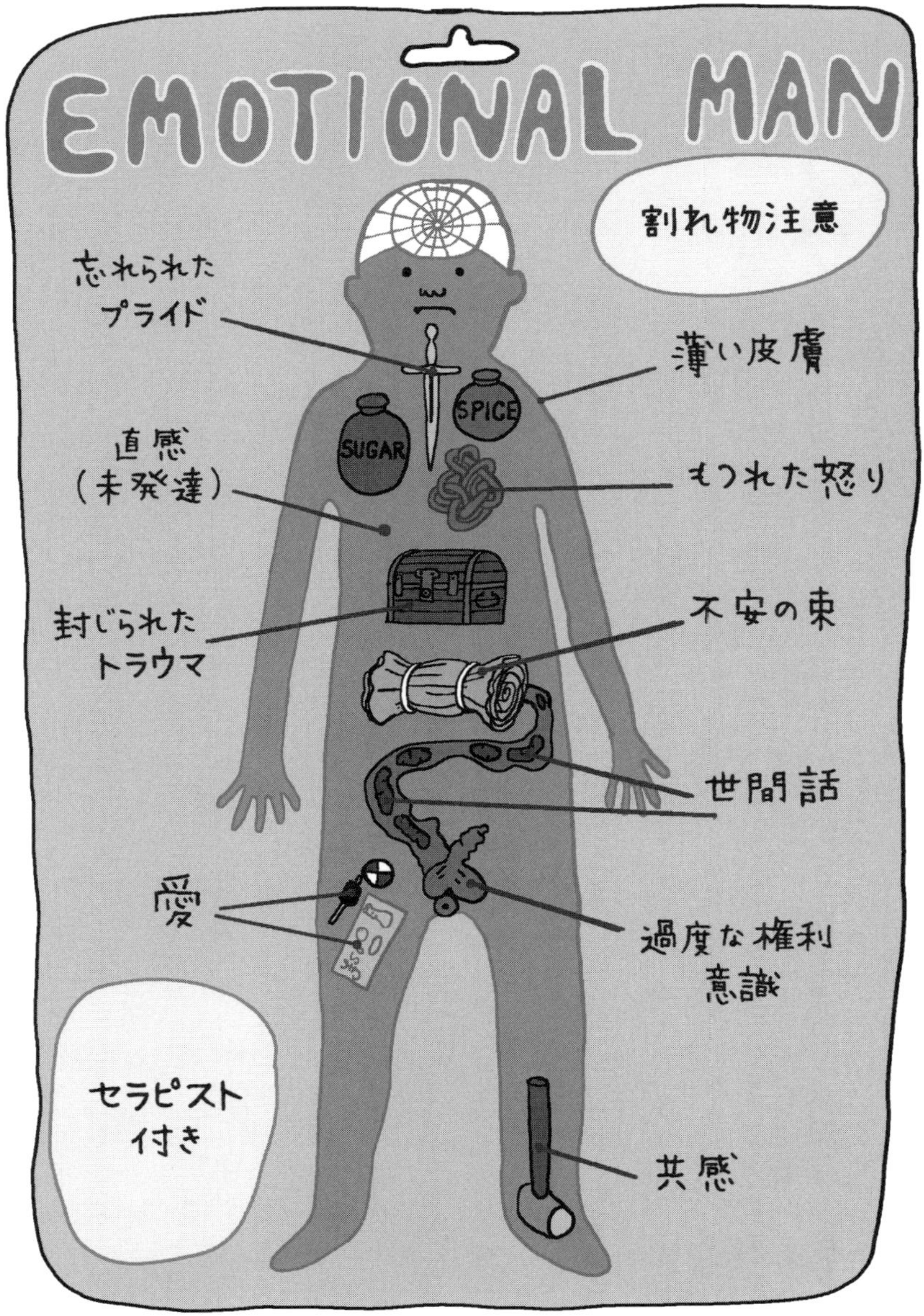
EMOTIONAL MAN
割れ物注意
忘れられたプライド
薄い皮膚
SPICE
SUGAR
直感（未発達）
もつれた怒り
封じられたトラウマ
不安の束
世間話
愛
過度な権利意識
セラピスト付き
共感

エモーションマン

私を素朴な人間だと思ってもらって結構だが、どんな人間も生まれながらに善人だと思っている。確かに善は徐々に発展してきた。人類が続くことを誰もが願っているし、その一番の方法は共生であるからだ。悪はロクでもない人の行動のことである。

ジェンダーは深みがあるが、アイデンティティの別の面はさらに難解である。人間としての存在、すなわち人類の一員という面である。

私はまた、男女を問わずすべての人間は、生まれながらに同量の感情を備えていると思っている。男性と女性の脳はほとんど同じだ。私たちはみな非常に似たハードウェアだが、ソフトウェアはそれぞれに異なっている（経験によってつくられる）のである。男性も女性と同じように愛情あふれる優しい人間になれるのに、そういう感情を殻で覆っている。男性は生まれたときからこの殻をつくるように促されているのである。

男の子は　何でできてる？
　ぼろきれとカタツムリ
　子犬の尻尾
男の子は　何でできてる？
男の子は　こういうものでできている

女の子は　何でできてる?
女の子は　何でできてる?
　お砂糖とスパイス
　どれもみんな素敵です
女の子は　こういうものでできている

（マザーグースの「男の子は何でできてる?」より）

　男の子は成長する過程で、男女の感情は異なるとするカルチャーに浸かっていく。そこでは、男の子の感情は女の子のより種類が少ないし、単純だと言われている。男の子は女の子より丈夫だし、細かいことは気にしないと言われている。男の子の感情の複雑さを過小評価するのを今すぐやめよう。男性は暴力との、パフォーマンスとの、力との関係を変革しなくてはいけない。まずは、子供であれ大人であれ男性がもっと感情の広がりをもてるようにしよう。男性性にポジティブな変化が起これば、世界にものすごくポジティブな変化が起きるだろう。男の子にとって感情表現は難しいものだが、成長すると、ひげが生えて声変わりをするのと同じくらい、うまく表現できないことをあっさり受け入れてしまう。

しつけとジェンダー

どうやら人々は遺伝子がジェンダーに影響していると思いたいようだ。たとえ遺伝子に大きな原因があるという科学的根拠がほとんどないとしてもである。男性と女性の脳に違いはあるかもしれない。その違いによって、女性は共感力、社交性、危険回避の能力を身につけ、より多くの子孫を残せるようになり、男性はシステムに偏りをもたらし、世界観を硬直させ、危険を冒したがるようになるかもしれない。だが、こうした違いが性役割に及ぼす影響があるとしても、しつけに比べればごくわずかだ。私たちは男の子が「もともと」体がしっかりしていて、行儀が悪く、ストイックだと思うのが好きだ。遺伝子にジェンダーがあるという見方が好きなのだと思う。そう考えると都合がいい。それ以上考えなくてよくなる。親は子供に対するジェンダー化した扱いに悩まずに済む。ジェンダーのステレオタイプを後押ししていないかと社会が悩まなくて済むし、常にステレオタイプの振る舞いをすべきと誰も悩まなくて済む。人間が遺伝的に進化してきたことのひとつは、都合のいい方に流れることである。

ジェンダーはしつけられたものだという考えに反論する人たちは、ジェンダーの差異のあり様はどの文化でもだいたい同じだという調査結果を必ず持ち出す。しかし、性役割はどの文化でも同じというわけではない。人類学者のマーガレット・ミードは、一九三五年にパプアニューギニアの三つの部族を調査し、この点について『性と気質』で論じた。アラペシュ族では男女とも平和主義で争いをしなかったが、ムンドゥグモール族では男女とも好戦的だった。当然ながら、それぞれの部族の子育てのやり方には、それぞれの部族の気質が反映されていて、親は子供に愛情なり暴力なりを与えていた。面白いことに、ムンドゥグモール族は非常にしっかりした小屋を建てたが、アラペシュ族の小屋はかなり粗末だった。やはり私は完璧主義はいけ好かない。

男の子は生まれたときから一人前の男として振る舞うようにしつけられる。成長するにつれて、「あのキックをみてよ、将来はサッカー選手だ」から「愚痴を言うな、タフになれ、男なら泣くな」と言われるようになる。私がこう言うと、ロンドンのイズリントン地区に暮らす親たちは立ち上がり、こう反論する。「私たちは子供が自由な心をもち愛情深くて思いやりのある優しい人間になるように育ててますよ」。その通りだと思う。その男の子は楽しく暮らしているだろう。しかしその子は少数派である。こうした子の母親は、今でも育児や家事の大部分を自分でこなすか、家政婦を雇っているはずだ。

私たちには解決しないといけないことがたくさんある。イギリス国内の荒れている地域や、他の国々では、オールドスクールの男性が生み出されている。私はイズリントン地区の親たちに、おてんば娘と女々しい男の子ではどちらを自分の子供にしたいか尋ねてみた。すると、ジェンダー・ニュートラルの子育て方針にヒビが入った。チュチュを着て妖精のステッキを振り回す六歳の男の子や、オーバーオール姿でプラスチックの剣を振り回している女の子を連れて、父親は大通りを歩くだろうか？　彼らは後ろめたそうな顔をする。まるで「あなたは正しい。でも、男性の性役割は厳しく監視されています。我々も監視し合っています」と言いたげだ。だが、先ほどの質問はアンフェアでバイアスがかかっている。私たちの社会では、「女々しい」とは女性的な男の子を侮辱する悪口であり、男性的な女の子を意味する「おてんば」は、粗野で活発というネガティブな含みがある。「女性的な男の子と男性的な女の子では、どちらを自分の子供にしたいですか？」という質問ならフェアかもしれない。とはいえ、これも選びづらそうだ。つまり親は、男性的な男の子あるいは女性的な女の子を望んでいるし、「男」や「女」にすっと当てはまらない子供に対して社会が不親切なことを懸念しているのである。

新しい男らしさのあり方を学校で教えていない場合、多くの男の子は漫画的な男らしさのビジョンをもつようになるし、彼らのジェンダーはクリシェと象徴によって要約できるものになる。大半の男の子は、うまく一人前の男性になる方法を知りたいと思っているものの、グループ内の「普通」を疑うには勇気がいる。仲間の性差別的な行動に気づいたり、さまざまな感情を表現できたり、グループでそのことを話したりする男の子は、賢明である。私の経験からして、男性しかいない企業はすぐに転落する。

感情の麻痺

数年前、興味があったので同窓会に行ってみた。三十五年ぶりに数十人のクラスメイトに再会した。だいたいの顔はわかったし、挨拶をしたときに何人かと積もる話をした。私への反応には驚いた。誰もが私の仕事に十年以上前から注目してくれていたが、私の学生時代についてはいっさい触れなかったのである。ひとことでもいいから言ってほしかった。昔の私は価値のない人間だったのだ。私は終わっていたのだ。私は麻痺していたのだ。

少年時代、私はずっと麻痺していたと思う。家で感じた恐怖と不安に麻痺していた。生きていくための策であり、感情の窪地だった。そうやって自分を麻痺させていると、悪いものだけでなく、すべての感情が麻痺してしまう。荒療治だった。以前、電気技師に家の工事を依頼したところ、午前六時に来ることになった。「どうしてそんなに朝早いの?」と私は尋ねた。「口うるさい通行人に会わないためですよ」と彼はムッとなった。私たちは怒りを麻痺させようとするかもしれないが、そうすると世界の喜びや楽しさにも麻痺してしまう。感覚が麻痺していると、感情を抱かなくなるだけでなく、感情を抱いていることに気づかなくなる。しかし感情は激しく揺れ動いていて、体を緊張させ、無意識の台本を書いている。そして溜め込んでいた荷物を世界に降ろし、自分たちの子供に与えたりするが、できればセラピストに渡すのが望ましい。この麻痺は、人と仲良くなる能力にも影響する。だから私は昔、印象に残るほどクラスメイトと仲良くなれなかったのである。

私は自分の隠れ家に戻ると、強い男になっている自分を想像した。戦いに備えて休息している戦士になっているところを思い描いた。そう、私は寝室へ避難し、空想の世界に逃げ込んだのだ。生身の人間は怖すぎるし予測がつかなかった。女の子たちは信じられないほど魅力的だったが、怖くもあった。男性にはみな、程度の差こそあれ、自分のなかに逃げ込む本能があると思う。自己完結しているヒーローだが、孤独な自殺行為でもある。

私は危ないことをする。競争が大好きだ。自転車に乗りでこぼこした泥まみれの丘をすっ飛ばすのが好きだが、家に戻ると、隣人がキャンキャン鳴いている愛犬を叱っていやしないかと気になってしょうがない。私は学生たちに、私をバカで目立ちたがり屋に見せるドレスをつくりなさいと言っているくせに、自分の作品が批評家に酷評されると恥ずかしくて死にたくなる。私が男らしさだとみなしている特徴は、よく矛盾している。大胆な行為ができるからといって、社会的な批判をものともしないわけではない。私が望むものを着る勇気があっても、私の作品への自信にはつながらない。

男の子は、運動場や遊び場で転んだり怪我をしても泣いてはいけないときわめて具体的に教わる。しかし、感情の危険についてはどうだろう。女の子をデートに誘ったり、同僚ときわどい話をしたり、友人に個人的なことを打ち明けたりするときに、木登りしたり巨漢の選手にタックルするときの気の強さやマチズモは役に立たない。普通の男の子は、乗り越えれば成長できる機会に、自分の能力のなさに落ち込むことがある。無愛想な少年たちはどうにか切り抜けている。ゴタゴタに巻き込まれたくなくて降参し、問題にぶつかるのを避けることで「解決する」のだ。男の子が自分の感情に敏感でいるように育てられていないとしたら、意見の相違が起きたときや、愛情を表現するときに、どうやって自分の感情を声にすればいいのだろう？

十二歳のとき、模型の飛行機をうまく組み立てられなかったことがあった。私はムシャクシャして家を飛び出し、家から十マイル離れたチェルムスフォードにある親戚の家に向けて自転車で走り出した。家を出たかっただけなのだが、そんな行動をとってしまった。職場から車で帰ってくる母親と鉢合わせになるだろうと予想していた。私はこう言いたかった。「手伝ってくれる父親が欲しい」と。だが決して言わなかった。

こういう状況は大げさになりやすい。男の子が安心していられる領域の外にあるからだ。

上左：真の男は涙を愛する　上中：甘やかします　上右：フェミニスト
下左：良い人でいるのは良い　下中：お先にどうぞ　下右：トーク－1 自殺－0

戸惑ったり誰かに拒絶される可能性のある状況だが、大人がそこに踏み込んで解決してはいけない。人間はそういう状況を体験し、失敗し、身体的な技術と同じように少しずつ学んでいかなくてはいけない。男の子がこうしたことを幼い頃に学ぶことはない。男の子は、男らしくない感情を抱いてはいけないと教わるので、そうしないようにしてしまう。両親や、女の子や、男の子同士でなんでも言い合うことができない場合、別の方法で自尊心を得ようとする。ヒエラルキーをつくるのである。男の子たちは、お互いがたいして親しくない大きなグループにいる傾向があるので、このヒエラルキーは大きくなる。そして、あらゆる場面で自分の価値と地位とを結びつけるようになる。自信をもつためには、他の者より優れていると感じなくてはいけないからだ。

少年が一般的に感情表現を避けている現実は、試験科目の選択を見るとよくわかる。ジャーナリストで元教師のローラ・マキナニーは『ガーディアン』紙にこんなことを書いている。数学や物理を勉強する女子学生がきわめて少ないというのは普通だが、人文・社会科学ではジェンダーの偏りはさらに大きいという。Aレベル〔イギリスとその連邦諸国において、中等教育卒業もしくは大学入学レベルにあることを示す学業修了認定〕で英語を選ぶ生徒のうち男性は二十九パーセントしかおらず、社会学と心理学を選ぶ生徒のうち女性は六十パーセントにのぼる。アート業界は今でも男性が牛耳っていて、文化施設のトップを務め、映画を監督し、手がけた作品が巨額の価格で落札されている。しかし、アート業界に入っていく人のほとんどが女性だ。パフォーミングアーツの場合、学生の九割が女性である。私が総学長を務めるロンドン芸術大学では、一万八千人にものぼる学生が主に視覚芸術を勉強しているが、その七割が女性だ。男子は、稼ぎ手になるべく育てられるだけでなく、コミュニケーション能力が低く、自分の感情と向き合うことが少ないため、アートに向いていないと思い込んでいる。

男性は自分の感情は複雑ではないと思っている。彼らは予測可能な表や図を自分の逃げ場所にしたがる。人間の内面を調べるよりも、エンジンを分解した方がいいと思っている。確かに部品Aと部品Bがぴったりはまると気持ちがいい。

私たちは、孤独な男性や感情的な問題を抱えている男性の悩みの語り場「ジョルディの小屋」を訪ねた。オーストラリアで始まった「男性の小屋運動」は、男性が孤独で苦しまないようにサポートするシンプルな試みだ。男性は自分一人ですべてできなくてはいけないと考えやすく、とりわけ歳をとるにつれて、人との交流を求めなくなる。男性が高齢になって妻を亡くしたり離婚した場合、他人と打ち解けられなくなる。しかし、手を動かしながらだと個人的な話をしやすいと思っている男性は少なくない。「心を開いている」と意識しなくて済むためだ。そこに目をつけたのが男性の小屋運動である。あるグループのリーダーによると、男性たちに課題を与え、それに取り組むように伝えると、いつの間にか冗談が飛び交っているという。だからアートや工芸をしたり、古い鉄道や産業遺産の博物館などを見学しに行くのだそうだ。何かしらに取り組んでいると、じきに悩みを打ち明けるようになるのである。ある若者は、小屋に来る前は、「ありがとう」や「よろしくお願いします」といった最も基本的なやりとりをするときに、目を合わせることができなくなっていたという。距離を縮めることを恐れるあまり、そのような初歩的なコミュニケーションさえもできなくなっていたのだ。

「ピストンヘッド」は、「男性の小屋」運動のインターネット版だと言えそうだ。表向きは自動車関係のサイトだが、ボディキットや冬用タイヤに関するスレッドでは、子育て、人間関係、精神衛生について、驚くほど興味深い議論が交わされている。たとえば、高齢の父親の介護を改善しようとしても頑固なので拒まれる話や、引っ越し先で友達をつくる方法や、自己破壊的な行動を繰り返す友人との接し方についてなど。微妙な内容の話をすることができるのは、男性としての立場を語らず、匿名で行っているせいかもしれない。

これと似たことに遭遇した経験がある。私は一九八〇年代からロンドン北東部にあるエッピングフォレストのティー・ハットに通っている。バイカーや自転車乗りや地元の人たちが集まる場所で、アルコール無しの屋外パブのようなものだ。ある日、私はこのティー・ハットに初めて来た中年のバイカーと話していた。彼はしばらくみんなの雑談を聞いてから、

「なるほど、バイクに関係すればなんでも話していいわけだね」と言った。彼は正しかった。彼が言わんとしたのは、オートバイは親密になるための口実だということだ。誰かのマシンを褒めることから会話が始まるかもしれないが、感情が出せる話題にすぐに移る。その感情は、男性やマシンについての差し障りのない話で現れるかもしれないし、もっと個人的な話のときに出てくるかもしれない。十二歳に満たない四人娘の父親がこんなことを言った。資産を売ってフランスに移住しようと思い、フランス人の不動産業者を訪れ、娘たちにどの家がいいか意見を聞いたら、全員涙を流しはじめたという。そんなわけなので、エセックスを離れるのは良くないと思っていると言った。子供の気持ちを真剣に受け止めた素敵な話である。鉄道模型であれ、バードウォッチングであれ、『スターウォーズ』であれ、特別な興味を共有するグループでは、これと同様の話に出会えると思う。

傷つくこと、愛することに開かれよう

私が年齢と経験を重ねて学んだのは、戸惑ったり恥をかいても死なないこと、間違ったり失敗したり拒まれても大丈夫だということ、弱さを見せても良いということである。実際のところ、これらは信じられないくらい役に立つし、弱さや恥を話すと相手に親しみをもって

もらえる。「わかりません。あなたの言う通りです。あなたが正しいんです」と書いてある席に座るのはとても快適だ。一部の人たちは些細なことでも自分を弁護するが、似たように、弱さや恥を晒すことは生死に関わると思っている人もいるだろう。へまをすると自分が消滅してしまうと思っている人もいるだろう。

ソーシャルワークの研究者であるブレネー・ブラウンは、ＴＥＤで「傷つく心の力」という素晴らしいトークを行った。グーグルで「傷つく心（vulnerability）」を検索すると、最初のページに彼女が表示される。ブラウンによると、最も充実した人間関係をうまく築いているのは、心が傷つくリスクを冒し、自分の弱さと失敗、つまり自分の弱さの根底にあるものをさらけ出せる人だという。他人に自分を開いているのだ。ブラウンによると、多くの人が感じている恥ずかしさは、つながりが絶たれることへの不安、つまり「私は十分ではない」ことを知られる不安である。そして、人々はそういうことを話したがらない。他人とうまくつながっていると感じている人とそうでない人に違いがあるとすれば、前者が自分は友情や愛を受けるにふさわしいと思っている点だとブラウンは言う。このような人たちには、ありのままの自分を見せる勇気がある。私たちが他者と良好な関係を築くには、本当の自分でいなくてはいけない。自分の感情をよく理解し、その感情が伝わる態度をとる必要があるのだ。ただそのとき、頭のなかにある基準を自分が下回っていると思ってしまうことがある。

私たちは往々にして「こうすべき」と思う行動をとっているせいだ。そうしてしまう衝動を無視して、ありのままの自分を伝えたら、うれしい驚きがあるかもしれない。

時々バーで、ある男（筋肉質で、友人たちとふざけあっている）を見かける。名前のない不安を目に浮かべ、ぎこちなく笑っている。合わない役柄を演じてしまい、そこから抜け出せなくなっているような状態への戸惑いを表している。彼は不安になっている。まるで、自分のマスクの縁を探り当て、「男でいる」ことに費やしてきたすべては無意味だと気づいたかのように。面白くもない冗談を言って笑い、鉄の重りを持ち上げ、酒を飲み、競争し、痛みを抑え込み悲しみを隠し、職場での性差別的な企みを共謀し、一人で問題に対処し、病気の診断を先送りにし、スポーツのくだらない話を何時間もした。その全部、その全部、その全部。なんだったんだ。そんな振る舞いを続けることは、男たちの無意識の頂上にいる架空のリーダーの駒でいることである。その架空のリーダーとは、もちろん男性省のCEOだ。理想の自己であるこのボスは、覇権的《ヘゲモニー》（ギリシャ語の「リーダー」を意味するヘゲモンに由来している）な男らしさそのものであり、あらゆる男性の頭のなかにいる典型的ないじめっ子だ。男性たちが不十分だと、舌打ちしたり、ため息をついたり、非難したりする。

男性性についての考え方や感じ方を変えるためには、誰かがリーダーのオフィスに入って、彼の権威を問う必要がある。彼は怒鳴って私たちの頭がおかしいというが、彼と対峙しなくてはいけない。

心理学者のカール・ロジャースは、理想の自己と現実の自己の関係を「自己一致」という言葉で説明した。自己一致とは、二つの自己が調和していることをいう。つまり、理想の自分が実際の行動と一致している状態である。しかし、理想の自己は、私たちや社会が生み出す到達不可能な自己像であり、本当の自己は、不完全で混乱した内面の真実である。私たちは理想的な自分になりたいと思う。なぜなら、そうすれば、社会が肯定的に見てくれると思っているからだ。私たちは自分に合わない姿を保とうとしてもがくのである。ロジャースはこれを「自己の不一致」と呼んだ。

これは男性性を考えるうえで重要である。というのも、私たちの内側にぼんやりと存在しているのは、うまくフィットしないだけでなく、そのことを語らせようとしない、上述したような男性のアーキタイプだからだ。この理想の男はとても脆い。彼はあまりに壊れやすくて、少しでも拒まれたり軽んじられると、粉々になってしまう。中等学校の男子生徒にアンケートを取ったところ、最も恐れているのは嘲笑されることだということがわかった。男らしさに苦しめられて、男性は今にも破裂しそうになっている。彼らの心は恥の感情でいっぱいなのだ。なぜなら、自分を未熟だと感じているが、男らしくあろうとするせいで、そのことを語ることができないからだ。四十五歳未満のイギリス人男性の死因で、最も多いのは自殺である。世界的に見ると、男性の自殺者数は女性のおよそ二倍で、途上国では三倍、東欧の一部の国では六倍だとされている。多く男性にとって、男らしさは命にかかわる重荷なのだ。これらの数字は、人間らしい交際ができないと感じている孤独で憂鬱な男性の氷山の一角である。みんなで屋根からこう叫ぼう。「男らしさのかたちは、あなたが好きに決めていいんだよ」。伝統的な男性になることは、木工細工が上手にできるようになることに似ている。本当に必要としている人もいれば、簡単にできる人もいる。しかし、それがあればいいというものではない。あくまでオプションのひとつなのである。

人間関係で「弱さ」はどんな働きをするだろう。それを男性に説明する場合、私は「接地面」の比喩を使う。二輪の車（バイクや自転車）に乗っているとき、私たちは二つのゴムの輪、つまり接地面に命を託している。接地面とは、タイヤが接触している部分のことだ。ゴムが柔らかかったり、タイヤの圧力が低いほど、タイヤが変形するので接地面は大きくなり、グリップ力が増す。人間関係でいうと、傷つきやすい状態とは、より多くの人と関わっていて、他の人から影響を受ける用意があるということだ。人間関係の幸福は――バイクのタイヤと同じように――接触面に依存しているのである。傷つきやすさの重要性は強調してもしきれない。男性の未来に幸福が訪れるかどうかは、傷つきやすさの扱い方にかかっているのだ。傷つきやすさのイメージと感情のイメージを変えよう。傷つきやすい男性は変ではない。彼は傷つくことに開かれているが、愛することにも開かれている。健全な心だと思う。怒りや、不安や悲しみを押しとどめない人間は、より喜びを感じ、より親密な関係をつくることができるのである。

男なら自分の面倒は自分で見るべきだ――この信念は生死の問題になるほど男性の心に深く根ざしている。弱い状態でいることは、死ぬほうがマシに思えるほどつらいもののようだ。テレビディレクターのローワン・ディーコンは、ドキュメンタリー『死にゆくために、サイモンの選択』で、運動ニューロン病を患うサイモン・ビネールを取り上げた。そのドキュメンタリーのなかで、サイモンは病気により話すことも歩くこともできなくなってく。そして、屈辱――男性性が失われていく屈辱――を感じていることや、死んでしまいたいという気持ちを何度か書き記す。これはオックスブリッジ卒の可笑しいほど超雄弁な男にありがちな態度である。しかし、彼は男性性がなくなること、つまり自立できなくなることに耐えられなかったのである。

男性はストレスに一人で対処するようにしつけられている。感情は一人で処理するものだという考えが小さい頃から染み付いている。母親に校門まで付き添わせないのは、女子より男子に多く見られる態度だ。「大人」のように振る舞うべきだというプレッシャーがそうさせるのである。だから彼らは、校門から離れた角で放課後に待っていてと母親に言うのだ。母親は人目に付かないように身を隠すというわけだ。私たちが冒険映画を見るたびに思い出すのは、男性は世界で活躍し、表舞台で活動していることだ。より原始的な社会では、荒野に出て行ったり、あばら家に住むといった成人の儀式が習慣化している場合もある。私はイングランド中部の息子たちに、足に蔓を巻いて塔からダイブするというバヌアツで行われている儀式は勧めないが、男性の混乱した心を安定させる儀式のようなプログラムがあれば、とてもメリットがあると思うことがある。戦争？　冗談冗談。

大人へのある種の儀式的な移行が現代の少年に有益だと考えているのは、私だけではない。私は世界のさまざまな場所で、荒野に出て困難や苦痛を伴う試練が行われているのを目にした。これらも効果的かもしれないが、現代的で都会的で男女平等の社会に備えるため の儀式が若者に必要だと思わずにはいられない。あらゆる儀式は本質的に、心の強さを見極め、祝福するものである。アマゾンのサトレ・マウェ族の通過儀礼は、凶悪なサシハリアリが大量に入った手袋を十分間はめて痛みに耐えるというものだが、これはティンダーや主夫やサービス経済の時代の男性には向いていない。

人間関係における感情の意味

多くのオールドスクールの男性は、ずっと感情を麻痺させていると、とりわけ人間関係に悪影響を与えるという事実に気づいていない。最近の女性は結婚年齢が高くなっており、女性の友達と過ごす時間が増えている。彼女たちは本当の親密さと助け合いの価値を知っているし、健全な関係がもたらすものをよく理解している。その結果、結婚適齢期の男性に要求することの水準が高くなっている。ＭＧＴＯＷのような一部の男性の権利団体がどう考えようが、男性が独身でいることは健康的ではない。既婚男性は独身男性より平均寿命が長い。パートナーと、パートナーによる心の支えは、男性を幸福にする。同性婚の場合も同じである。男性は女性よりもパートナーに対して依存的になる。パートナーは男性の体や健康を気にかけてくれる。男性はそういうことに気が回らないからである。

このように感情に盲目なことは、学歴の低さや、低い社会階層に見られる荒廃とは別の問題だ。感情の麻痺は、上品に抑圧されているミドルクラスではもっとひどいことになっているかもしれない。私の妻の父マークは、ある企業の社長だ。そして第二次大戦時には将校であり、ゴルフクラブの会員であり、真のオールドスクールである。私の妻は義父が歳をとり独り身になったとき、どんな気分かと聞いたところ、彼は無愛想に「調子はいいよ」と返事をしていた。生涯にわたって物事を仕切り、伝統的な男性の性役割を演じてきたせいで、それ以外の返事ができなかったのだ。彼女は父親の気分や健康を確かめる良い方法に気がついた。父親の遊び仲間である犬の世話を任せたのだ。彼は自分の感情を犬に向けた。こうして私の妻は彼の心身の状態を把握した。

国連の広報担当者クリス・ガネスがガザで起こっている恐怖を涙ながらに報じている映像は話題になった。その映像には価値があった。スポークスマンや記者は、本来は冷静で公平であるべきだが、彼女がそうでなかったからだ。そして感情をあらわにするのは「プロらしくない」と思う人は大勢いた。おわかりだろうか。オールドスクールの男性が受け継いでいる精神問題が、カタい職業に向けられているのだ。

オールドスクールの男性は、いつまでも変わらないことの代償と陳腐さを知るべきだ。感情を否定したり、上書きしたり、抑圧したりすることで、「プロ意識」を養うことができるかもしれないが、デイビッド・ヒュームが言ったように、「理性は情熱の奴隷であるべきだ」。感情を意識することも、調べようとすることもなければ、その感情が行動に影響していてもわからない。それらはチェックしていないと、男性に害をもたらしてしまうかもしれないのだ。それらは、無意識の奥深くに眠る過去の出来事に根ざしているのかもしれない。こうした感情は現在も存在し、井戸の底の暗闇で揺れ動いている。

根性のあるオールドスクール。今でもそれに価値を見出す年齢層のミドルクラスの男性は、往々にして感情認識が乏しい。そして、「不発の感情時限爆弾」と書かれた、ジェンダーと階層と年齢の結合部に腰を下ろしている。感情はフィジカルなものだ。私たちはそれを全身の細胞に含み、座ったり立ったりするときもそれは存在している。ベテランのセラピストのなかには、クライアントが口を開く前にボディランゲージから感情の履歴を丸ごと読み取ってしまう人がいる。男性は体のことを、煩わしくて、堕落しやすく、ごちゃごちゃした感情がいっぱい詰まっているものだと思っているようだ。男性は脳みそ様の乗り物だけがあればいいと思っているのである。体については、健康な食事と運動で機械を扱うように維持する方法を知っていても、心の病気の症状に気づかなかったり、症状を無視するかもしれない。心を健やかにしておく方法のひとつは、友人と親密に交流することである。

男の友情やブロマンスには、明るい励まし合いがよく見られるが、概して男性は女性と違って友情を保つのが下手だ。男性は、学校、シェアハウス、仕事、趣味、スポーツなど、特定の状況で友人をつくることが多く、状況が変わった場合には、せっかくできた友人のことを忘れてしまうのである。男性は仕事や健康は大切にしても、人間関係は優先しない傾向がある。多くの男性が自分の感情をあまり自覚していないため、人間関係でどれほど豊かな感情が生まれるか、気づかないままになる。

私は三十代半ばに親しい男友達がいないことを自覚した。結婚していたし、作業をしていないときは、幼い娘にかかりきりになっていた。バイクやマウンテンバイクを通じて男友達をつくりたいと思っていたが、そういう趣味の外でも会いたい人は見つからなかった。ガールフレンドを探すようなものだった。同じ興味をもっているだけでなく、心を開いてくれるうえに、面白くて、近くに住んでいる人を見つけようとすると、時間がかかった。インターネット時代にコミュニティを探すとき、地理はあまり考慮されないが、遠距離の友情は維持しにくい。男性がプラトニックで健全な関係の大切さに気づかないのは、そこにはセックスという原動力が関わっていないためである。

性衝動とジェンダーにおける力関係

男性はモンスターに取り憑かれている。それは二つの顔をもつ悪魔であり、悪さに巻き込もうとする悪友である。ペニスは私たちのものであると当時に、私たちのものではない。特に思春期になると、それ自体に命が宿るようになる。少しでも挑発すると恥ずかしい角度に突き立つのだ。バスを降りるときにアディダスのスポーツバッグで股間を隠さなければいけなかったことが何度もある。エンジンの振動にくわえ、周りに女性がいたせいで、私のわが

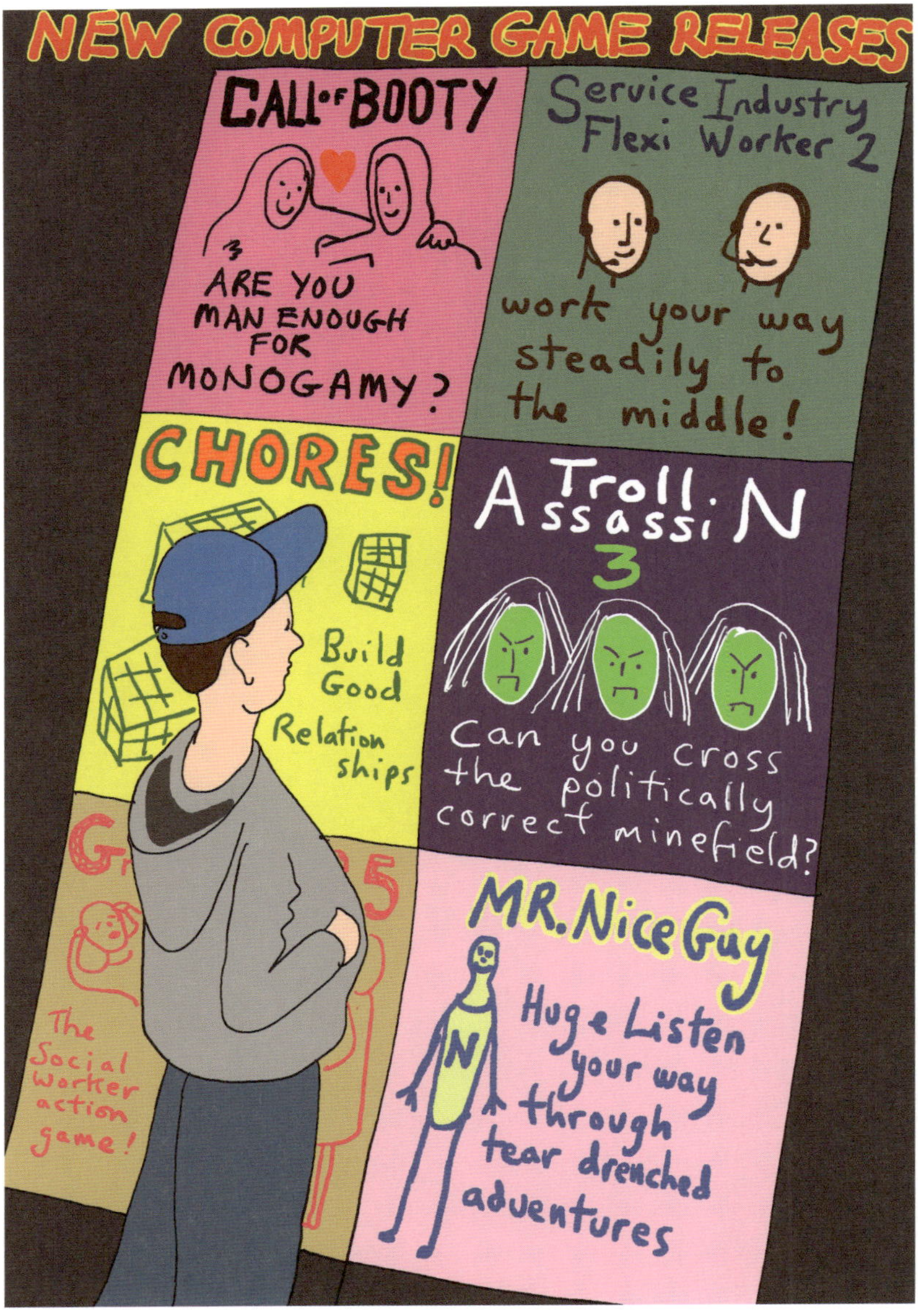

新作ゲームの登場　上左：セフレを探せ　男ならモノガミーでいこう　上右：契約社員2　トップは目指さなくていい
中左：雑用大作戦　築け！最高の人間関係　中右：ネット荒らし3　ポリコレ地雷原を駆け抜けろ
下左：ソーシャルワーカー・アクションゲーム　下右：ミスター・ナイスガイ　号泣アドベンチャーで"悩み"聞きます

ままなデバネズミは喜んでしまったのだ。

多くの男性にとって、セックスとは礼儀正しさの下で沸き立つものである。コメディアンのフィル・ジュピタスはマスターベーションを「男のスクリーンセーバー」と表現している。男性は何かに集中していないとき、脳がスリープモードに入り、セックスが意識に入り込んでくる。ヨセミテ渓谷の景色や、渦巻く宇宙ではなく、それまでに目にしたポルノの画像や、自慰をしたいという欲望が、心のスクリーンに流れるのである。

男性——特に若い男性——は、性欲のヘッドアップディスプレイを通して世界を見ている。ヘッドアップディスプレイとは、自動車のフロントガラスにスピードメーターなどを投影する装置だ。ドライバーは目線を下げなくても前を向いたままメーターを確認でき、フロントガラスに投影されたものを通して世界を見ることになる。男性が見ている世界は、ズボンの中にあるエンジンの唸り声に常に影響される。その性欲にどれほど強い影響力があったかは、オルガズムの後に明らかになる。欲望の霧がゆっくりと晴れていき、視界にある種の不思議な鮮明さ、つまり、ほのかな客観性がもたらされるのである。かつて私は妻に、セックスの後は何を考えているかと聞かれたことがある。私は頭のなかに漂うものを比喩で表した。「時計の修理」と私は答えた。

すでに述べたとおり、男性性の主な要素はノスタルジーだと私は考えている。男女を問わず、人間が過去を振り返るとき、そこにあるのは性への意識だ。私たちの性衝動は常に何かを追い求めている気がするが、結局過去を追い求めているのだと思う。私たちのセクシャリティは幼少期に概ね形成される。むしろ私たちのセクシャリティは、幼少期に服を着せられ、演出を受け、台本を渡されているのである。性衝動は生物として必要なのかもしれないが、性衝動にともなう感情、つまり性生活で私たちが演じる力関係と演劇的な役割は、子供の頃に習うのだ。私たちは遺伝子的に異性愛者か同性愛者であり、男性か女性かあるいはその中間であるとされるが、態度、演技の合図、文脈、力関係、小道具、衣装はしつけによって与えられるのだと思う。幼少期における最も親密な関係とは、もちろん家族との関係である。そして家族は、多かれ少なかれ、社会や時代が生んだ関係のあり方を反映している。私たちの性的なファンタジーの台本は、たいてい幼少期の体験がベースになっている。メインキャラクターを演じるのは、職場の同僚やテレビの出演者かもしれないが、人物の動きや性格や、関係の形や、ストーリーラインはどれも、過去に起源があるのである。

特定の幼少期の体験と、特定のセクシャリティとのあいだに、必ずしも厳密な相関関係があるわけではないと思う。それはレシピより宝探しに近いと言えるかもしれない。人は幼少期に経験、影響、トラウマを蓄える。思春期になると、性的嗜好の引き換えカウンターでそれらを見せて、自分の性意識をほぼ確定するＩＤカードやライセンスを受け取るのだ。これはもちろん、無意識のプロセスかもしれないし、数年後に刺激的な状況に直面するまで、ライセンスに書いてある内容に気づかないかもしれない。私は自分が変わっていることを七歳くらいから感じはじめたが、それをどう表現したらいいかわからなかった。十三歳のときに日曜版のタブロイド紙でトランスヴェスタイトの記事を読んだ。自分のライセンスに書いてある内容について初めて読んだのはそのときだった。トランスヴェスタイトを表す言葉を知ったのである。私と同じように感じている人たちの記事を読んでいると、ドレスアップしたい衝動は、心のなかでする自分との対話ではなくなった。意識と無意識のあいだでやり取りするだけのものではなくなったのだ。そして、世の中に伝えてもいいし、伝えなくてもいいことを知った。

リベラルで政治的に正しい現代のメトロセクシャル〔外見や生活スタイルへの意識が高い都会的な男性〕は、自分の股にいる繊細な生き物が、時代遅れのジェンダーの関係性に不健全な興味をもつのではないかと心配しているかもしれない。悪魔の一族であるペニスくんは、ハイヒールを履いた自分のいいなりになる女性が好きかもしれないが、彼の双子は誰もが男女平等に同意し、すべての少女がスニーカーを履いているグループを選んでいる。私は何度かオーディエンスに向かって、男女平等がテーマの性的なファンタジーをもっている人がいたら手を挙げて、と言ったことがある。誰も挙げない。（誰がそんなことをするだろう？

ニック・クレッグ〔イギリスの政治家〕ならするかな）バカなお願いだったかもしれない。みんなはボスにこき使われることや、ボスになることしか頭にないのかもしれない。手をつないでお揃いのフリースを着ながら、ソファを買いに出かけたり、協力して育児をするときに、ムラムラする人はいないだろう。パートナーとの関係で悩まされるのは、その気にさせるときの力関係と、平常時の力関係との不一致である。男性はパートナーを選ぶ際にセクシャルな要素を優先する傾向があり、女性は日々の感情の触れ合いを優先する傾向がある。「レズビアンのベッドの死」がいい例だ。これはレズビアンのカップルの性生活が減っていく現象のことである。自分に似た人をパートナーに選ぶため、性行為のアンバランスな力関係が生まれないことが原因と考えられている。男性はセックスを優先しがちである。ゲイの友人によると、彼はデートをするとき、力関係をアンバランスにすることで、セクシャルな気分を高めたそうだ。彼は自分のボーイフレンドが上品な男だと思ったら、キルバーン（当時は貧困地域）に住んでいると言った。ワーキングクラスだと思ったら、ウェストハムステッド（高級住宅街）に住んでいると言った。実際のところ、彼の家はその二つの駅のちょうど中間にあった。

パートナー同士の力の違いやアンバランスな力関係は、私たちが性的にその気になる大きな要素である。私の妻や多くの心理療法士や心理学者が言っているのだが、私たちは誰もがフェティシストで、いくつかのフェティッシュ（スリムで巨乳の女性、背が高くて筋肉質の男性）は「普通」とされているが、その他（ラバー、ボンテージ、スパンキング）は「変態」で、一部（子供、死体）は違法とされている。性的なノスタルジーへの傾向が最もよく見られるのは、フェティシズムの世界である。おそらくフェテッシュの対象のスタイルや使い方が、自分の幼少期の何かと結びつくからだと思う。トランスヴェスタイトはしばしば、母親の世代を連想させる服を着る。うっかり間違えて着ているわけではない。自分たちの性への関心に従い、大人のスタイルを選んでいるのである。その世代の服が、一昔前のジェンダーの力関係を連想させるのも理由だと思う。赤ちゃんプレイでは、彼らが育った時代に合ったタオル地のおむつや使い捨ておむつを用いる。ガードル、「シャンプー・アンド・セット」、マッキントッシュのコート、ペチコート、ジャンパースカート、下肢装具、拘束衣はすべてフェティッシュだが、すべて異なる時代のものだ。

セクシャルな人々は、アドレナリンのせいで性欲が高まっている。セックスではリスクを冒すドキドキ感が、度数の強いカクテルになる。変態たちにとって、そのリスクとは窒息死であったり、社会的な恥であったり、有罪判決であったりするが、平凡なところでは、妻に気づかれることもそれである。

儀式ばったＢＤＳＭ〔ボンデージ（拘束）、ディシプリン（体罰）、サディズム（加虐）、マゾヒズム（被虐）の頭文字〕

は、しばしば小児期のトラウマの性的な再現として語られる。幼少期に経験した殴打や屈辱は、大人になってからエロティックな興奮に変わっている。もし私たちがみなフェティシストなら、「普通」の人間関係でさえ回顧的なものかもしれない。私の妻は、一目惚れは転移に過ぎないので信じないという。転移とは、過去の関係から新しい関係への感情の移動である。それは多くの場合、新しく出会った人が以前に会った人（たいていは両親や前の恋人）を物理的に思い出させることによって起こる。転移は通常、無意識的なものである。

私はかつて、グループセラピーにいた若い男性のことが猛烈に嫌いになり、その理由を何カ月も考えた。セラピストにそのことを話したところ、その若者の年齢と、はじめて継父が家に来たときの年齢が同じで、同じような外見をしていることに気がついた。彼は継父と同じように指の関節を鳴らす癖があった。それがすべて転移だと気づいた途端、その男への嫌悪感が消えた。転移が弱まれば、かなり多くの関係が解消されるのではないだろうか。

私がここで匂わせているのは、多くの男性が昔ながらのジェンダーの力関係を維持するのに費やしている莫大な投資は、性に関わるものかもしれないということだ。彼らを興奮させているのは、社会的にも政治的にも時代遅れのものである。社会の発展と、性欲をつくる無意識の力とにはずれがある。これは男性だけの話ではない。セラピストのロリ・ゴットリーブは、『ガーディアン』紙に載せた「男女平等はセックスを殺すのか？」のなかで、『アメリカン・ソシオロジカル・レビュー』に掲載された「平等主義、家事、夫婦の性行為の頻度」という論文を引用している。大勢の人がこの研究に驚いた。アイロンがけ、料理、掃除など、これまで女性がしてきたことを男性がするカップルは、セックスの頻度が少なく、セックスの満足度も低いという調査結果があるのだ。家事は男性をセクシーにしない。カップル・セラピストのエステル・ペレルは、「ほとんどの人は、日中に抵抗しているものに、夜興奮する」という。私が女性のセラピー・グループと話をしたとき、何人かが、近頃のミドルクラスには本当の「男らしい」男性がいないと嘆いていた。どういうことかいろいろ質問すると、ベッドにだけいてほしいと本音を言った。それ以外の時間は、頼まれなくても猫のトイレを掃除してくれる、親切で繊細な人がいいらしい。頑張ってもらいたい。奇妙なことに、服従願望のある女性が増えていること（映画『フィフティ・シェイズ・オブ・グレイ』の大ヒットなど）は、ジェンダーの平等と関係があるのかもしれない。服従は現在、強制される役割というより性的な快楽を得るオプションなのだ。

現代男性の性欲／草食男子

社会の変化は性欲に影響を与える。その逆もまた真だと思う。性欲は、特に男性の一般的な行動に――とりわけ暴力や危険にさらされて大量のアドレナリンが出ている場合に――強く影響する。男性省は、社会的地位のある男性の方がセックスの機会が多いことを知っている。無意識の奥に隠れている私たちの性欲が、ある種の行動や選択を促進し、性的な出会いの可能性を高めるのだろう。最も原始的な力は、セックスのパートナーの選択につながる。荒ぶる戦士たちにとっては当然のことである。ロックスターや政治家、著名なスポーツマンの多くは、いつの間にか女性にモテている。

最近の男性の性欲は危険で、後退していると一般的に言われている。すべての男性は潜在的にレイプ魔や虐待者であると言う人もいる。つまり、私たちのペニスは暗黒時代を抜け出せず、男たちはハーレムを求めている、と。男性は混乱している。また、人工授精の技術が発展したことで、精子供給システムとしての男性の性的能力は、余剰になっているかもしれない。今日の男性は急速に変化するジェンダーの地雷原に直面している。彼らは、以前は頼りになった羅針盤としてのペニスくんをもう信用できない。ジェンダーに対する見方も神話になりつつある。例えば、男性たちはみな、他の男性が一日に三回、少なくとも週三回、素晴らしいセックスをしていると思っているのである。男性は、本物の男になるにはセックスについて考えるのと同程度に数をこなさないといけないと思い込んで育っていく。中年男性を主に担当している心理療法士から聞いたのだが、定期的にセックスをしているのはクライアントのうち五パーセントに満たないという。そのクライアントはパートナーとの関係が壊れた敗者というわけではなく、ごく普通の既婚者である。

その他の神話はインターネットのポルノが広めている。若い男性の多くは、正常なセックスというものは、ムダ毛を剃ったスーパーモデルと何時間も激しく交わることだという神話に触れて育っている。現実の女性と出会ったときの彼らの苦悩を想像してみよう。楽しく過ごしている二人だが、やがて彼は彼女が陰毛を剃っていないことを知る。あるいは、当初抱いていた欲望が消えて、自分は運が悪くだまされているのだと思いはじめる。悪いが、そういうことは普通にありえる。交際するのは簡単ではないのだ。セックスはこういうものだというポルノ化された期待と、一緒に生活をするという現実との隔たりは、多くの若い男性を困らせる。完璧に性の好みに合うようにつくられたポルノに慣れていると、自分をもっている現実の女性と複雑な感情のやりとりをすることになったとき、おかしなことになる。

日本人の深澤真紀は、デジタル時代に生まれたある文化現象を「草食男子」と名付けた。「草食男子」は、結婚や恋愛に興味のない男性のことである。二〇一〇年には、二十代、三十代の日本人男性の半数以上が自分は草食系だと言ったという。これは、第二次大戦後の歴史や恥の文化に通じる日本独特の現象かもしれない。しかし、インターネットは世界中のあらゆる場所にある。感情をむき出しにした生身の女性との関係よりも、無限にあるポルノでマスターベーションをする方を好む男性が大勢いてもおかしくない。草食系男子は、男の子の育て方を変える必要があると警告する炭鉱のカナリアかもしれない。ネット上のいたるところに性差別的、人種差別的な攻撃が渦巻いているという恐ろしい状況は、孤独な怒れる男性の存在を物語っている。私たちが彼らに感情のリテラシーを教えなければ、彼らは孤独に不健康で短い人生を送ることになるだろう。

伝統的な男性性にうまく馴染めない男性が増えていることは、変化の徴候かもしれない。間の抜けた人、不器用な人、ギーク、ナード、ホーマー・シンプソン〔アメリカのテレビアニメ『ザ・シンプソンズ』の登場人物〕、デイビッド・ブレント〔イギリスのテレビドラマ『ジ・オフィス』の登場人物〕。いくらでもオモシロイ男はいる。半袖のシャツにネクタイ、あるいは叔母に編んでもらったセーターという格好の男。彼は男らしさが足りないだけかもしれないし、気にしていないだけかもしれないし、男らしさのプレッシャーに抵抗しているだけかもしれない。どこか抜けている人は楽しい。大昔から続く男性の誇りが壊されると可笑しい。継承した精神の役割の遺物を求めて、若い男たちが歴史のゴミ箱に取り残されていると可笑しい。彼らが恋人のことや仕事や冗談でうまくいかないと可笑しい。でも、彼らに同情すべきかもしれない。なぜなら、打ちのめされた彼らの男性性が爆発し、彼らがライフルを抱えて戻ってきて無差別に乱射しようものなら、私たちは悲鳴をあげるから。

オモシロイ男たちは男性性のボーダーを翻弄し、観客に変化を受け入れてもらいやすくする役割があるかもしれない。また、彼らは若い男性を慰めるかもしれない。その若い男性たちは、伝統的な男性性の役割は現在の社会に向いていないだけでなく扱いにくいため、第四波フェミニズムに熱心な若い女性からは敬遠されていると感じているからだ。けれどもオモシロイ男たちでは、見習うべきヒーローを求める少年たちを満足させることはできない。

進歩的な男性は混乱している。正しいことをしたいと思って何かをしても、何千年も続いた男性の悪行に汚されていると感じてしまう。私の世代の男性は、同じ男性のことで謝り続け、「強姦魔ではありません」という首輪をつけていないといけないと感じている。暗い道を一人で歩く女性を怖がらせないように、引き返したりルートを変えるなど、妙な行動をしたことのある男性と何度か話したことがある。「ほんとに強姦魔じゃないんですよ！」

多様で柔軟な未来の男性性

男性性は、孤立している状態のことではない。男性省は何事にも一役買っている。幸福な未来にふさわしい男性性を構築できれば、武力に訴えることが減るし、弱者に共感できるようになるし、経済力を気にしなくなるし、良い人間関係の恩恵に目を向けられるようになる。

いいことだと思う。私たちは男性性についてとことん話すことができるが、世界の他の大きな問題に立ち向かわないなら、無益な男性性は栄えたままだろう。経済や文化や社会が男性性の変化を受け入れない限り、男性性は変わらないのだ。

このような議論の問題点は、男性性が確かなものを求める点にあるかもしれないと私は考えるようになった。男性はこれからの理想的な男性像のために、要約と正確なレシピを求めているかもしれないが、男性の将来は内容だけでなくプロセスからも考え出されなければならない。

男性性についての語り方は、語る内容と同じくらい重要かもしれない。厳格なルールを決めるべきだという発想を捨てよう。男性性の未来は、男性性の豊かさなのである。「理想的な」未来とは、男性性の多様性を受け入れ祝福するような状態かもしれない。そして、それは個人と社会にとって良いものとは何なのか、意識することで生まれる。私があなたに提供できるのは、たかだか現在進行中の多元的でまとまりのない交渉だが、それでも多くの男性が今なおもっている死ぬほどありふれた男性性よりは、ずっと良い。

私たち男性は、自分の人生をかけても男性性は変えられないと思うのをやめよう。私はセラピーを受けたことで、物事に対する考え方は本質的なものであっても変えられることを学んだ。変化には、動機と教育と十分な時間が必要なだけなのだ。男性は、これまでと違うことをするのを恐れない方法を学び、恥で死んでしまう人なんていないことを知ろう。

男性のことを、深みがなくて、短気で、柔軟性がなく、変化しない存在として片付けるのをやめよう。何しろ彼らは女性と同じ脳をもっているのだ。問題は、現在の男性の性役割に締め付けが強いことだと思う。男性は常に、無意識的に監視してしまうのである。健全に変化を起こすには、差異を許容することが重要だ。男性は、他の男性に対しても自分に対しても、男らしさの基準に達していないという理由で責めるのをやめるべきだ。これはなかなか難しい。男性はマニュアルが好きなのに、男性の未来を目指すマニュアルはまだ書かれていないのだ。オールドスクールの男性性には長い歴史と明確なルールがある。未来のオルタナティブは漠然としていて、不確かだ。どこに向かっているかわからない。ヒーローも物語もほとんど見当たらない。新しい柔軟な男性は、新たなジェンダーの性役割に適応するだけでなく、さまざまな文化、階級、民族、宗教でも適応できなければならない。

これらの変化は、頭でなく感情によって行われる必要がある。私たちは変化が起きることによるメリットを論理的に素早く理解することができるが、変化のきっかけになるのは、肉体と無意識に組み込まれている感情なのだ。ジェンダーのように、人間の存在の一部になっているものは、変化に何世紀もかかりそうだが、早めることはできる。我々ジェンダー化された人間の環境が変化すれば、ジェンダーの性質は生き残るために適応しなければいけなくなる。ポジティブ・ディスクリミネーションは異論の多い解決策だ。私は必要な策だと思っている。男女平等社会に向かって変化を強いるなら、男性の性役割はその社会に適応しなければならない。取締役会などではすでに起きている。企業は一定数の女性を雇用しなければいけない。男性はその事態のメリットを喜ぶか、もしくは、オールドファッションでいたいと主張するなら、適応せずにいるせいで痛い目にあうだろう。

だがもちろん、この微妙で不安定な男性性は、昔からある安定したトーテム信仰の隣で苦しむかもしれない。誰かが言っていたが、成熟とは二つの矛盾したメッセージを同時に頭のなかに置いておくことだそうだ。最近は思春期が三十五歳まで延びているようなので、成熟するのは簡単ではない。私たちは二十一世紀の男性のあり方を確立する必要がある。なぜなら、抵抗勢力は、誘惑的で親しみやすくて組み立てやすいパッケージを嬉しそうに推進しているからだ。

新たな男性性は、これまで強さ、揺らがない心、ストイシズムが賞賛されていたように、寛容、柔軟性、多様性、感情のリテラシーを賞賛する。男の子たちにゴールを示してやれば、我先にとゴールしようとするだろう。

私たちはまず、十分な尊厳と礼儀でもって、オールドスクールの男性を埋葬し、弔わなければいけない。私は二〇一五年に「ダラム炭鉱労働者のガラ」に参加したことで、ガラとはどのようなものか学んだ。ガラとはそもそも、炭鉱労働者たちが街に来て一年の仕事を契約する日のことだった。現在は、絶滅寸前の重工業文化と左翼感情の高揚を祝う祭りである。国中から団体が集まって、今では廃坑となった組合の横断幕を振ってパレードする。歴史の重み、人だかり、ブラスバンドの演奏。楽しくて感動的な光景だ。感動のピークは横断幕を祝福するときにくる。新しい横断幕（現在は炭鉱ではなく学校や地域の団体のものが多い）がダラムの壮大な大聖堂の通路に飾られている。そこに悲しげなブラスバンドの演奏が流れる。この心に響く儀式は、ある種の人間、つまり鉱山で働いていたストイックな一家の主人の葬儀のような感じがした。おそらく、次に進むときがきたのである。

私は、オールドスクールの男性が代表するすべてと別れようと言っている訳ではない。心理療法士のジェリー・ハイドに「男らしさとは何ですか？」と質問したら、彼はためらうことなく「優しさ」と答えた。奇妙な答えかもしれないが、穏やかな男性の優しさは非常に男性的なのである。穏やかな男性は、何かを押しつぶす力を肉体的にも感情的にも備えていても、それは使わずに愛と優しさを選ぶ強さがあるのだ。男性的な優しさは率直だ。これは「男の子は単純な生き物」というしつけの結果かもしれない。男性的な思いやりとは、肩を抱く静かで頼もしい腕である。心の優しい男は「岩」であり、その内向的な優れた資質は世に知らされていない。漫画の男らしさの芝居がかった派手さが、それを脇に追いやっているのだ。

新しい男性のロールモデル

数々のコミュニティで、現代版の男性ロールモデルがあらゆるレベルで足りないことが問題になっている。多くの少年が父親なしで育ち、保育所や小学校の教師の大半が男性ではないため、子供たちは眩しいオールドスクールの男性ロールモデル（ストイックで乱暴なカウボーイ、ストイックで乱暴なスーパーヒーロー、ストイックで乱暴なコンピュータゲームの兵士）であふれたメディアを見ている。愛らしくて可笑しくて創造的な男たちはいても、彼らは蚊帳の外だ。バラク・オバマは男性として素晴らしい人物だと思う。過大な期待をされたり、困難な問題に直面しているときでも、穏やかで思慮深く、安心感とウィットがあり、雄弁に語る。見事だ。イギリスでは、デイビッド・アッテンボローやクリス・パッカム〔ともにイギリスの動物学者〕には自然界に対する喜び、好奇心、思いやりがある。私はデイビッド・ボウイとともに育った。同年代の少年の文化に居場所がないと感じていた私にとって、ベッドルームの聖人だった。そして、心を改めた悪童デイビッド・ベッカム。飛行機の中で他人の赤ん坊をなだめるために、その人の食事中に赤ん坊を抱いて通路を行ったり来たりした。

現代的で負担を分かち合い思いやりのある男性ロールモデル。その資格を得るためには、ある程度世間から離れて家庭に入らなければならないと思う。だから、オルタナティブな男

男性フレンドリーな育児
ベビーカー競争
21
3
AEROBUGGY3000
7
託児バー
FORMULA
アリスはビールに目覚めたんだな
まだ話せないお子さんにぜひ
BABY BANTS
結局さ
やっちまえよ!
どうでもいいけど
ヒューヒュー
超アホだな
いいかげんにしろ
BABY BANTS

性ロールモデルは有名人ではないかもしれない。二〇一二年の時点では、父親が稼ぎ頭で母親が主婦という伝統的な構成の家族は、イギリス人のわずか三十五パーセントだったにもかかわらず、男性の家庭での変化は遅い。女性はいまだに育児の三分の二を担当し、父親になって男女共同育児休暇を取得する男性はわずか五パーセントである。育児休暇を延長すること、つまり数週間以上の休暇を取ることは、キャリアアップに悪影響があると従業員も上司も考えている。多くの男性は、自分の家族ともっと一緒にいたいと願っている。すべての人々が彼らの思いを真剣に考えない限り、本当の男女平等は実現しないだろう。しかし、父親の育児休暇取得率があまり増加していないというレポートを読むたびに、家庭での育児は重労働なうえにかなり退屈だということを男性は（こっそり）知っているのだなと思ってしまう。

専業主夫やゲイの両親は普通のことになりつつある。すべての男性にとって素晴らしい事例だ。しかし男性は今もなお、育児から逃れるべく、一見合理的だが怪しい「仕事」という口実をつくったり、エクササイズをしないと「気が狂う」と言ったりする。専業主夫のイメージだけでなく、それを実践する方法も変えていく必要があるかもしれない。父親がしたくなるような新しい育児方法が必要なのかもしれない。チャイルドシート付きのストッカー競争？　父親によるベビーカーマラソン？　託児所パブ？

男性性の未来は適応力にかかっていると思う。男性性とは主に、ペニスをもつ人々にしつけられた感情の構成である。それは変えようのないものに思えるが、感情や感覚は変えられる。男性は自分の内面を見つめ（ボンネットを開け）、自分の気持ちを自覚し（マニュアルを読み）、適応していく（アップグレードする）必要があるのである。セラピーの世界では、「〜の振りをする」というフレーズをよく使う。自分の感情を変えたいのなら、その意思があるかのように振る舞って、これまでと違った行動をしてみると、その行動にだんだん親しみがわき、うまくいけば、好ましく感じられるようになる。最初は未来の不自然な男性像を演じるかもしれない。オルタナティブな男性性のぎこちないビジョンを意識的に演じているのである。新しい振る舞いのスタイルは変だと思われやすい。だが男性は驚くかもしれない。自分があまりに早くしっくりきていることに。そしてあえて言うと、かなり男らしく振舞っていることに。

結　男たちよ、自分の権利のために腰を下ろせ

オールドスクールの男性が他者と共存するためにはどうしたらいいのだろう。彼らは良い案を出さないだろうから、私がいくつか指針を提案したい。フェミニズムのゴールはポストカードに書くことができる。私は男性向けの未来のマニフェストもポストカードに収められるように頑張ってきたわけだが、それは次のようになる。

男性の権利

傷ついていい権利
弱くなる権利
間違える権利
直感で動く権利
わからないと言える権利
気まぐれでいい権利
柔軟でいる権利
これらを恥ずかしがらない権利

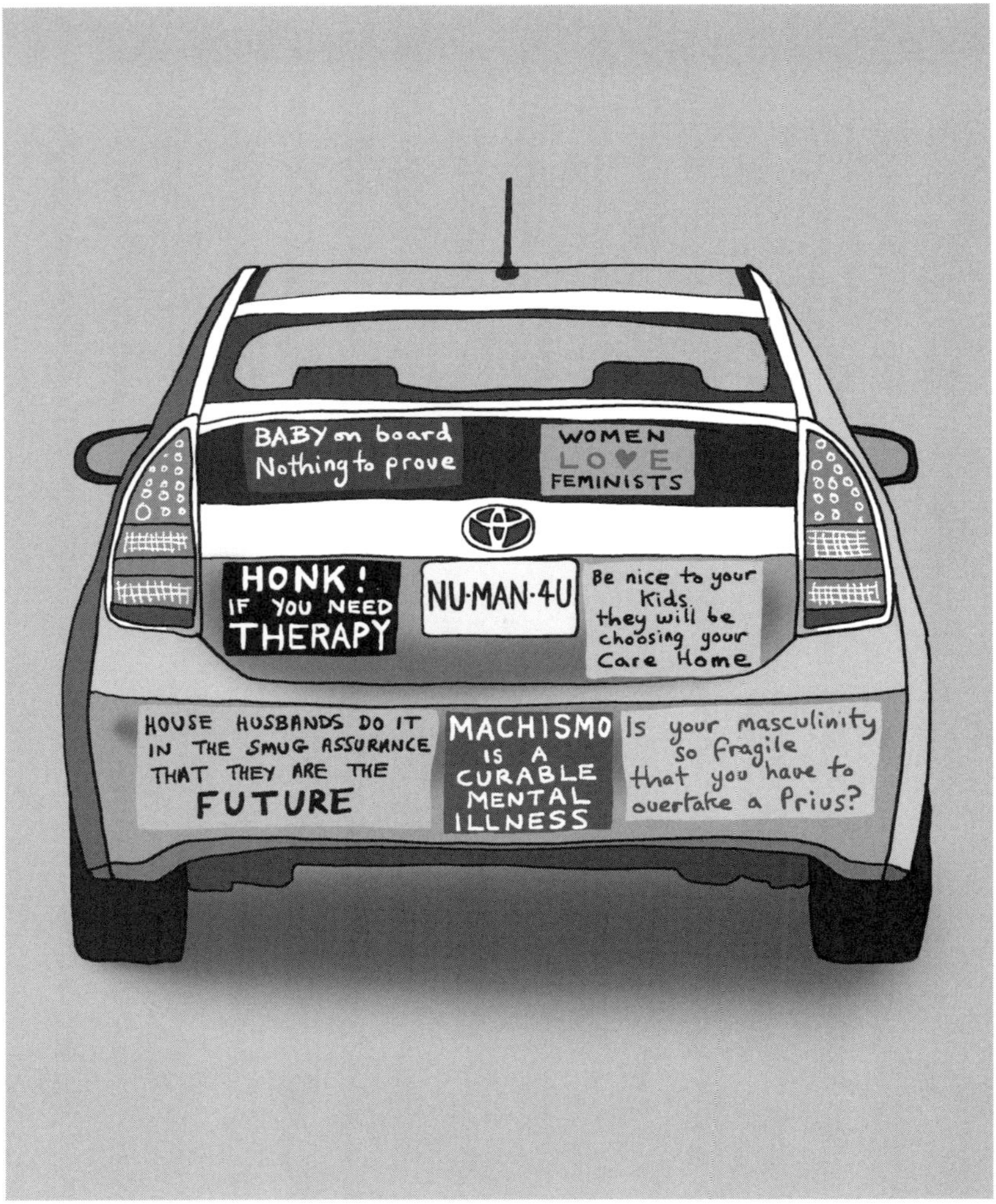

上左：車内に赤ちゃんがいます　上右：男性もフェミニストに

中左：セラピーが必要ならクラクションを！　中右：可愛がっておくと老人ホームを選んでくれます

下左：主夫はみんなの誇るべき未来　下中：マチズモは治せる病気

下右：あなたの男らしさはプリウスを追い越さないといけないほど壊れやすいの？

謝辞

本書は大勢の方の助力がなければ生まれませんでした。私のテレビ番組『オール・マン』のディレクター、ニール・クロンビーと、スワン・フィルム社のスタッフたちに感謝します。本書ができたのは、番組に自分たちの生活を紹介してくれた男性と女性全員のおかげでもあります。ジェリー・ハイドとその仲間たちが時間をかけて詳細に話してくれたことに感謝します。私は何十年も前から男性性に関心があり、男性性がテーマの本を数多く読んできました。なかでもスーザン・ファルディ『Stiffed』、デイビッド・ブッフビンダー『Studying Men and Masculinities』、ハリエット・サージェント『Among the Hoods』は特に目を見張る内容でした。ヘレン・コンフォードに、そしてペンギン社とアレン・レーン社のすべての人に感謝します。カーティス・ブラウン社の私のエージェント、カロリーナ・サットンに感謝します。そして、毎日、いや毎時間、私に見識を示してくれた妻のフィリッパに大きな感謝を送ります。

訳者あとがき

グレイソン・ペリーはイングランド東部エセックス州出身のアーティストです。二〇〇三年に現代美術を対象にした最も重要な賞のひとつであるターナー賞を受賞し、イギリスを代表するアーティトとして知られるようになりました。社会やカルチャーを強烈に風刺したペイントを施した陶芸作品を中心に制作していますが、こうした作品に劣らず、トランスヴェスタイトとして「女装」した「クレア」（ペリーのオルター・エゴ）の姿も、かなりインパクトがあります。

ペリーはアーティストとして作品を制作する以外にも、さまざまな活動をしています。二〇一三年には「BBCリース・レクチャー」（BBC初代総師のジョン・リース卿が一九四八年に始めたラジオ講義。第一回目は哲学者バートランド・ラッセルが講演を行いました）で、現代アートをめぐる「Playing to the Gallery」という講演を行いました（のちにこの講演を基にして『Playing to the Gallery』を出版）。また、本書でたびたび言及されている『フー・アー・ユー？』や『オール・マン』といったテレビ番組のプレゼンターを務めています。さらに現在はロンドン芸術大学の総学長として、教育にも携わっています。

ペリーは本書『男らしさの終焉』で、伝統的なマスキュリニティ（男性性、男らしさ）を考察し、それがいかに現代にふさわしくないかを語ります。そして、社会や個人に害をもたらすマスキュリニティを、ユーモラスかつ厳しく批判します。ジェンダーがテーマの本書ですが、幼少期や大人になる過程で味わった体験を取り込んでいることから、一人のアーティストのメモワールとしても読めそうです。

ペリーが言うように、伝統的なマスキュリニティはろくなものではないですが、世の中のあらゆる局面で今もなお力をもっていますし、それに対抗しうる新しい「男らしさ」のロールモデルあるいは物語は、まだ模索段階かもしれません。この本がこれからの男性のあり方を考える視座を提示できたとしたら、訳者としてとても嬉しく思います。

翻訳にあたっては、ジェニファー・ワッツさんにイギリスの文化ついてご教示いただきました。また、フィルムアート社編集部の臼田桃子さんには訳文を細部までチェックしていただきました。ありがとうございました。

二〇一九年十一月　小磯洋光

グレイソン・ペリー

Grayson Perry

1960年イギリス生まれ。男性。さまざまな賞を受賞しているアーティスト（2003年にはターナー賞を受賞、大英博物館やサーペンタイン・ギャラリーをはじめ、日本でも2007年に金沢21世紀美術館で個展を開催。現代社会を風刺した、陶芸やタペストリー、彫刻、版画といったメディアの現代アート作品で知られる）。英国アカデミー賞受賞テレビ番組の司会者。リース・レクチャーの講師。ベストセラー作家（著書に『Playing to the Gallery』など）。古い男性の特徴がある。たとえば、常に自分が正しいと思いたいとか、大きな坂では他のサイクリストを全員追い越したいとか。

小磯洋光

こいそ ひろみつ

1979年東京都生まれ。翻訳家。イースト・アングリア大学大学院で文芸翻訳を学ぶ。英語圏の文学作品の翻訳のほか、日本文学の翻訳にも携わる。翻訳書にテジュ・コール『オープン・シティ』（新潮クレスト・ブックス）。

男らしさの終焉

2019年12月25日　初版発行
2020年 2月20日　第二刷
2020年 3月25日　第三刷

著 者：グレイソン・ペリー

訳 者：小磯洋光

ブックデザイン：鈴木千佳子

DTP：鈴木ゆか

日本語版編集：臼田桃子（フィルムアート社）

発行者：上原哲郎

発行所：株式会社フィルムアート社
〒150-0022
東京都渋谷区恵比寿南1-20-6　第21荒井ビル
tel 03-5725-2001　fax 03-5725-2626
http://www.filmart.co.jp/

印刷・製本：シナノ印刷株式会社

© 2019 Hiromitsu Koiso　Printed in Japan　ISBN978-4-8459-1830-0　C0036
落丁・乱丁の本がございましたら、お手数ですが小社宛にお送りください。
送料は小社負担でお取り替えいたします。